Hilbig

ANNO 1

Geschichte Gymnasium Sachsen

Die Laokoon-Gruppe – griechische Plastik

Herausgegeben von
Prof. Dr. Ulrich Baumgärtner

Erarbeitet von
Prof. Dr. Ulrich Baumgärtner, Verena Espach, Klaus Fieberg,
Dr. Ernst Rieber, Dr. Herbert Rogger, Prof. Dr. Klaus Scherberich,
Dr. Frank Skorsetz, Stefan Stadler, Dr. Wolf Weigand

Mit Beiträgen von
Prof. Dr. Thomas Martin Buck, Johannes Derichs, Alexander Heim,
Ulrike Roos, Hubertus Schrapps, Dr. Frank Schweppenstette, Hildegard Wacker

westermann

Eine kommentierte Linkliste finden Sie unter:
www.westermann.de/geschichte-linkliste

© 2013 Bildungshaus Schulbuchverlage
Westermann Schroedel Diesterweg Schöningh Winklers GmbH, Braunschweig
www.westermann.de

Druck A[1] / Jahr 2013
Alle Drucke der Serie A sind inhaltlich unverändert.

Redaktion: Christoph Meyer, Thorsten Schimming, Dorle Bennöhr
Herstellung: Udo Sauter
Typografie: Thomas Schröder
Satz: Ottomedien, Hanhofen
Druck und Bindung: westermann druck GmbH, Braunschweig

ISBN 978-3-14-11 1675-5

Inhalt

Die Frauenkirche in Dresden

Aus dem Familienalbum

Sarg aus dem Grab
des Tutanchamun

Die Frauenkirche in Dresden
als Ruine und Mahnmal,
1971

Der Neandertaler,
Rekonstruktion

M 1 **Eine Bildquelle**
Napoleon als Imperator, Gemälde
von François Gérard, 1810

Geschichte – Vorstellung von der Vergangenheit

Geschichtswissenschaft – Ein Puzzlespiel
Die Vergangenheit ist unwiderruflich vergangen. Sie lässt sich nicht zurückholen. Das ist das Grundproblem der Geschichtswissenschaft. Vieles nämlich wird vergessen; vieles geht verloren. Nur aus dem, was in irgendeiner Form erhalten geblieben ist, können Informationen über die Vergangenheit entnommen werden. Aus diesen sogenannten Geschichtsquellen versuchen Historiker, verlässliche Erkenntnisse über die Vergangenheit zu gewinnen: Sie sammeln sie, werten sie aus und bringen die daraus gewonnenen Informationen in einen Zusammenhang wie die Teile eines Puzzles. Die so entstandene Vorstellung von der Vergangenheit ist die „Geschichte". Nur: Das Puzzle wird niemals fertig, da niemals alle Einzelteile vorhanden sind.

Geschichtsquellen – Zeugen der Vergangenheit
Geschichtsquellen sind also Zeugnisse vergangener Zeiten. Ihnen verdanken wir unser Wissen über die Vergangenheit. Man kann folgende Quellentypen unterscheiden:
- Die *mündliche Überlieferung:*
  Das sind die oft von Generation zu Generation weitererzählten Erinnerungen.
- Die *gegenständliche Überlieferung:*
  Das sind Gegenstände aller Art, wie zum Beispiel Bauwerke, Waffen, Münzen, Gräber, Werkzeuge.
- Die *bildliche Überlieferung:*
  Das sind Höhlenzeichnungen, Buchillustrationen, Gemälde, Zeichnungen und Fotos.
- Die *schriftliche Überlieferung:*
  Das sind alle geschriebenen Texte, wie zum Beispiel Inschriften, Urkunden, Briefe, Chroniken, Zeitungen.

Überprüfung der Quellen
Quellen sind leider nicht objektiv: Mündliche Erzählungen, bildliche Darstellungen und schriftliche Berichte geben oft die persönliche Sicht der Dinge wieder. Wie Zeugen vor Gericht können Quellen die Wahrheit verschweigen, durch einseitige Darstellung verändern oder sogar völlig falsch wiedergeben. Aufgabe des Historikers ist es, aus den verschiedenen, sich manchmal sogar widersprechenden „Zeugenaussagen" die historische Wahrheit herauszufiltern. Erst durch den kritischen Vergleich der Quellen kann es gelingen, der Wahrheit möglichst nahezukommen, die Zusammenhänge zu durchschauen und ein Urteil zu fällen.

Quellen zum Sprechen bringen
Viele Texte sind jedoch in fremden Sprachen wie Lateinisch oder Griechisch geschrieben. Sie müssen erst gelesen, übersetzt oder bearbeitet werden. Das Entziffern alter Schriften ist eine Wissenschaft für sich. Bis zur Erfindung des Buchdrucks wurde alles von Hand geschrieben. Bis Ende des 19. Jahrhunderts wurden noch fast alle Briefe, Amtspapiere und selbst Personalausweise handschriftlich ausgefertigt. In der ersten

M 2 **Eine Schriftquelle**
Ausschnitt aus einer Urkunde
mit dem Monogramm Ludwigs des
Deutschen, 874 n. Chr.

M 3   **Ein archäologischer Fund**
Der Tote ist in Schlafstellung als „Hocker" bestattet und in gutem Erhaltungszustand,
etwa 4000 v. Chr, bei Stuttgart.

Hälfte des 20. Jahrhunderts schrieben viele Menschen eine andere Handschrift als heute üblich, die Kurrentschrift.

Archäologen – Schatzsucher im Dienste der Wissenschaft

Die Archäologie beschäftigt sich mit dem Aufspüren, Ausgraben und Auswerten von sogenannten Bodenfunden. Bei diesen „Schätzen" handelt es sich meist um Bruchstücke, die in mühevoller Kleinarbeit am Fundort freigelegt, in ihrer Lage beschrieben, vermessen, fotografiert und später zusammengesetzt oder rekonstruiert werden müssen.

Eine Hauptaufgabe der Archäologen ist es, solche Zeugen früherer menschlicher Kultur vor dem Verfall zu schützen und auszuwerten. Sie müssen also diese scheinbar stummen Zeugen der Geschichte zum Sprechen bringen. Wie Kriminalisten oder Gerichtsmediziner gehen sie vor, wenn sie diese Funde buchstäblich unter die Lupe nehmen. Mauerreste, Knochen, Tonscherben oder die Inhalte von Abfallgruben verraten dem Fachmann erstaunlich viel über die Lebensumstände der Menschen in früheren Zeiten.

Bei der Suche nach diesen verborgenen „Schätzen" werden heute moderne Hilfsmittel eingesetzt wie zum Beispiel Luftaufnahmen aus dem Flugzeug. Dabei nutzt man die Tatsache, dass sich im Boden verborgene Mauerreste oder Gruben (Gräben, Vorratsgruben, Gräber) auf die Färbung und auf die Wuchshöhe der darüber liegenden Wiesen oder Getreidefelder auswirken. Es gibt also ein reichhaltiges „unterirdisches Archiv", das wichtige Informationen bereithält.

M 4   **Luftbildarchäologie**
Aus der Luft noch heute erkennbar: Reste eines römischen Landhauses im Kreis Euskirchen in Nordrhein-Westfalen, erbaut Anfang des 3. Jahrhunderts nach Christus.

Alte Dokumente entziffern

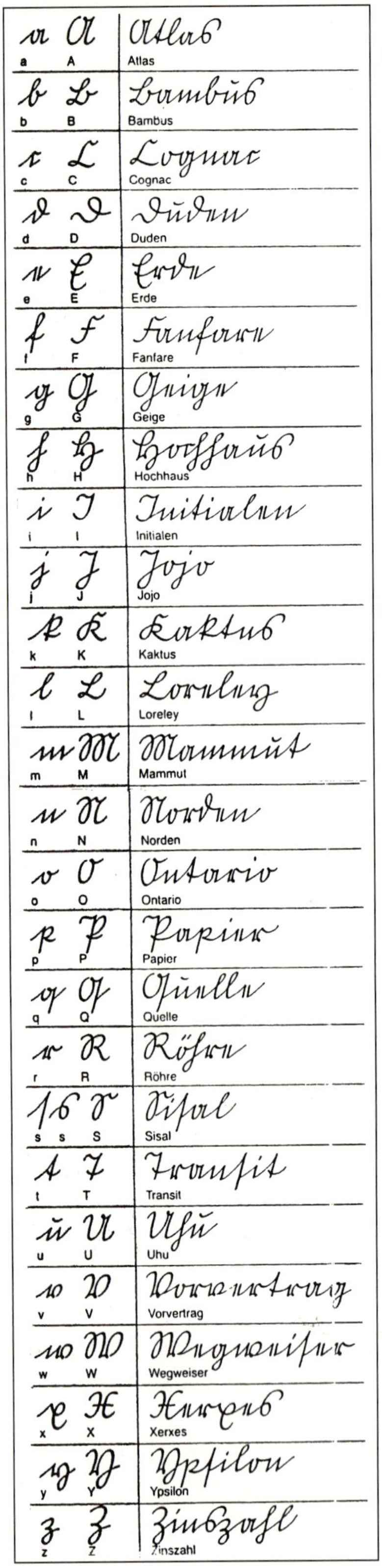

a	A	Atlas
b	B	Bambus
c	C	Cognac
d	D	Duden
e	E	Erde
f	F	Fanfare
g	G	Geige
h	H	Hochhaus
i	I	Initialen
j	J	Jojo
k	K	Kaktus
l	L	Loreley
m	M	Mammut
n	N	Norden
o	O	Ontario
p	P	Papier
q	Q	Quelle
r	R	Röhre
s s	S	Sisal
t	T	Transit
u	U	Uhu
v	V	Vorvertrag
w	W	Wegweiser
x	X	Xerxes
y	Y	Ypsilon
z	Z	Zinszahl

M 5 Kurrentschrift

Als Kurrentschrift bezeichnet man eine Schrift, bei der die einzelnen Buchstaben miteinander verbunden sind (Schreibschrift).

a	A	1
b	B	2
c	C	3
d	D	4
e	E	5
f	F	6
g	G	7
h	H	8
i	I	9
j	J	0
k	K	
l	L	
m	M	
n	N	
o	O	
p	P	
q	Q	
r	R	
s	S	
t	T	
u	U	
v	V	
w	W	
x	X	
y	Y	
z	Z	
ß		
ä	Ä	
ö	Ö	
ü	Ü	

M 6 Frakturschrift

Als Frakturschrift bezeichnet man Schriften, bei denen die Bögen der geschriebenen Buchstaben gebrochen sind. Diese Schrift wird heute nur noch selten verwendet, da man manche Buchstaben nur schlecht voneinander unterscheiden kann.

1. Geschichtsquellen
   a) Erkläre die Bedeutung des Wortes „Quelle" für Historiker.
   b) Prüfe, ob sämtliche Abbildungen auf den Seiten 4 bis 9 Quellen sind. Begründe deine Entscheidung.
   c) Ordne die Quellen in einer Tabelle nach Quellentypen: schriftlich, bildhaft, gegenständlich.
   d) Beurteile die Bedeutung archäologischer Funde für das Wissen über die Vergangenheit.
   → Text, Auftaktseite, M1–M8

2. Ein Dokument entziffern
   a) Entziffere den Auszug aus dem Lebenslauf und die Angaben im Ausweis.
   b) Erläutere Unterschiede zwischen dem Personalausweis von 1918 und einem heutigen.
   → M7, M8

M 8 **Aus einem Lebenslauf,** geschrieben in Kurrentschrift, 1947

Die Familiengeschichte erforschen

Beim Betrachten eines Familienalbums begegnet man der eigenen Geschichte und der Geschichte der Familie. Seit etwa 150 Jahren gibt es Fotos. Sie zeigen manchmal Personen, die schon tot sind. Hinzu kommen weitere Unterlagen, die sich in einer Familie angesammelt haben. Historiker verwenden dafür den Begriff „Quelle", weil man aus ihnen Aufschluss über die Vergangenheit gewinnen kann. Jede Familie hat ihre eigene Geschichte. Die Geschichte dieser Familie beginnt im Jahr 1871.

Bild 1: 1871 werden mein Ururgroßvater Franz und meine Ururgroßmutter Martha geboren. 1927 entsteht dieses Bild mit meinen Ururgroßeltern und ihren Kindern: Helene, Eugen, Augustin, Elisabeth und Hugo (von links), Augustin ist damals schon katholischer Priester, und der Kleine im Matrosenanzug wird später Politiker in Baden-Württemberg.

Bild 2 und 3: Das sind die Eltern meines Urgroßvaters, also auch meine Ururgroßeltern. Opa Wilhelm wird 1877 geboren und Oma Elisabeth 1878, in dem Jahr, als der erste deutsche Fußballverein, der „Fußballverein 1878 Hannover" gegründet wird.
Beide sterben im September 1944 bei einem Luftangriff auf Karlsruhe.

Bild 4: Mein Urgroßvater wird 1939 Soldat, und er, der immer gegen einen Krieg war, muss eine Uniform anziehen. Er ist bei der Besetzung Dänemarks dabei, bekommt Heimaturlaub und darf seine Frau, meine Urgroßmutter Elisabeth, besuchen.

Bild 6: Das sind meine Eltern, geboren im Jahr 1964. 1994 heiraten meine Eltern.

Bild 7: Das bin ich, Vanessa, geboren im Jahr 1995. Ich wohne in einer süddeutschen Großstadt und gehe inzwischen auf ein Gymnasium.

Bild 5: Das sind meine Großeltern, Mechthild (1935 geboren) und Hubert (1925 geboren). Ostern 1958 verloben sie sich und heiraten auch bald danach.

M 1 Stundenplan von 1932

M 2 Telegramm von 1944

M 3 Kinderzeichnung von 1999

Aufgaben

1. Eine Familiengeschichte

a) Fertige einen Stammbaum der Familie an.

b) Arbeite Unterschiede und Gemeinsamkeiten der einzelnen Bilder heraus.

c) Ordne den Stundenplan, das Telegramm und die Kinderzeichnung den entsprechenden Familienmitgliedern zu. Bei der Entzifferung der Schrift hilft die Tabelle auf Seite 8.

d) Erläutere die Bedeutung der einzelnen Schriftstücke für die Familiengeschichte.

e) Beurteile, inwieweit Informationen aus den Quellen – über die Familiengeschichte hinaus – von allgemeinem Interesse sein könnten.

→ M1–M3

2. Die eigene Familiengeschichte

a) Stelle Informationen über deine Familie zusammen.

b) Erarbeite einen Stammbaum.

Die Zeit

Zeitrechnung und Zeitmessung

„Die Zeit vergeht wie im Flug." – „Die Zeit wollte einfach nicht vergehen." Solche Redensarten zeigen, dass die Zeit von Menschen unterschiedlich wahrgenommen werden kann. Der persönliche Eindruck ist also ein unsicheres Maß für die zeitliche Dauer. Deshalb haben die Menschen immer schon versucht, die Zeit zu messen. Dabei orientierten sie sich zunächst am Wechsel von Tag und Nacht. Da aber die Dauer des Tages schwankt, ist dies ein ungenaues Zeitmaß. Um die Zeit einzuteilen und Zeitabläufe zu messen, entwickelten die Menschen immer feinere Instrumente.

Mond- und Sonnenjahr

Der Sonnenstand und die wechselnden Mondphasen waren seit jeher für die Menschen ein wichtiger Anhaltspunkt für die Einteilung eines Tages oder eines Jahres. Das Mondjahr, das 12 Mondphasen umfasst, ist allerdings deutlich kürzer als ein Sonnenjahr mit 365 Tagen. Während in einem Sonnenkalender die Jahreszeiten immer einen festen Platz haben, wandern sie in einem Mondkalender durch das Jahr.

Verschiedene Kalender

Um Ereignisse zu datieren, benötigt man einen Bezugspunkt:
- In der christlich geprägten Welt wird der Zeitverlauf in die Zeit „vor Christi Geburt" (v. Chr.) und die Zeit „nach Christi Geburt" (n. Chr.) eingeteilt.
- Die Römer wählten als Anfangspunkt ihrer Zeitrechnung das Jahr der Gründung Roms („ab urbe condita"). Dieses entspricht in unserer Zeitrechnung dem Jahr 753 vor Christi Geburt.
- In der arabischen Welt gilt als Ausgangspunkt der Zeitrechnung das Jahr, in dem der Prophet Mohammed von Mekka nach Medina flüchtete. In unserer Zeitrechnung entspricht das dem Jahr 622 nach Christi Geburt.
- Die jüdische Zeitrechnung beginnt mit der Schöpfung der Welt, die sich nach jüdischem Glauben aus den Angaben der Bibel errechnen lässt und – entsprechend dem christlichen Kalender – auf das Jahr 3761 vor Christus datiert wird.

M 1 **Mechanische Wanduhr**
Deutschland, um 1400

M 2 **Zeitstrahl**

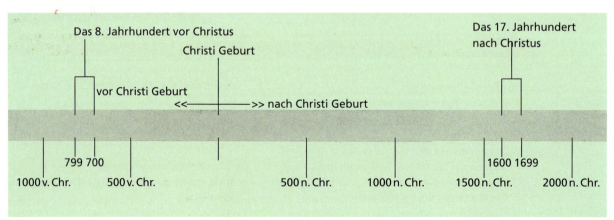

Das 8. Jahrhundert vor Christus

Christi Geburt

Das 17. Jahrhundert nach Christus

vor Christi Geburt

<< ——— + ———— >> nach Christi Geburt

799 700

1600 1699

1000 v. Chr.   500 v. Chr.   500 n. Chr.   1000 n. Chr.   1500 n. Chr.   2000 n. Chr.

Geräte zur Zeitmessung – Gegenständliche Quellen untersuchen

M 3 **Griechische Sonnenuhr**
3. Jahrhundert v. Chr.

M 4 **Sanduhr**
aus dem 19. Jahrhundert

M 5 **Uhr am Historischen Rathaus Jena**

M 6 **Uhr mit digitaler Anzeige in Bremen**

Aufgaben

1. **Der Zeitstrahl**
   a) Zeichne einen Zeitstrahl für die Zeit von 100 v. Chr. bis 50 n. Chr. (10 Jahre entsprechen 1 cm).
   b) Trage folgende Jahre und Zeiträume ein:
      • die zweite Hälfte des 1. vorchristlichen Jahrhunderts,
      • das Todesjahr von Julius Caesar (44 v. Chr.),
      • das 4. Jahrzehnt des 1. Jahrhunderts n. Chr.
2. **Zeitmessung und Kalender**
   a) Erkläre die Funktionsweise einer Sanduhr und einer Sonnenuhr.

   b) Stelle mit einfachen Mitteln selbst ein Gerät zur Zeitmessung her.
   c) Nenne Gelegenheiten, bei denen es heute wichtig bzw. nicht so wichtig ist, sich genau nach der Uhrzeit zu richten. Erkläre den Unterschied.
   d) Berechne dein Geburtsjahr in den unterschiedlichen Kalendersystemen.
   e) Gib das Jahr an, in dem wir uns heute nach dem islamischen und nach dem jüdischen Kalender befinden.
   → Text, M1–M6

Thema: Begegnungen mit der Geschichte

Hinweis: Die folgende Tabelle dient der Selbsteinschätzung deiner erworbenen Kenntnisse und Fähigkeiten. Die Auflistung erhebt nicht den Anspruch, vollständig zu sein. Es handelt sich um eine Auswahl, die ggf. erweitert werden kann. In der rechten Spalte findest du Hin-

Ich kann …	Ich bin sicher.	Ich bin ziemlich sicher.	Ich bin noch unsicher.	Ich habe große Lücken.
… zwischen den verschiedenen Quellentypen unterscheiden.				
… mindestens ein Beispiel zu jedem Quellentyp nennen.				
… die Bedeutung der Quellen für Historiker erklären.				
… den Begriff Archäologie erklären.				
… die Tätigkeiten von Archäologen erläutern.				
… einen Familienstammbaum erstellen.				
… das Geburtsjahr meines Vaters in verschiedenen Kalendersystemen angeben.				
… Ereignisse auf einen Zeitstrahl eintragen.				
… verschiedene Möglichkeiten der Zeitmessung angeben.				
… Geräte nennen, die früher zur Zeitmessung verwendet wurden.				
… die Funktionsweise einer Sonnenuhr erklären.				
…				
…				
…				

weise, wie du eventuell vorhandene Lücken oder auch Unsicherheiten beseitigen kannst.

Bitte beachte: Solltest du über ein Leihexemplar dieses Lehrbuches verfügen, dann kopiere die Seiten, bevor du mit ihnen arbeitest.

Auf diesen Seiten kannst Du in ANNO nachlesen	Empfehlungen zur Übung, Wiederholung und Festigung
6	Liste die auf den Seiten 136 bis 145 in diesem Lehrbuch enthaltenen Quellen auf und ordne diese den verschiedenen Quellentypen zu.
6/7	Nenne zwei Beispiele zu jedem Quellentyp.
6	Verfasse auf der Grundlage des Lehrbuchtextes (S. 6) mit eigenen Worten eine Kurzdefinition von „Quelle", zum Beispiel für ein Schülerlexikon.
7	Schlage im Minilexikon des Lehrbuches den Begriff „Archäologie" nach und gib den Inhalt mit eigenen Worten wieder.
7	Suche im Lehrbuch nach entsprechenden Hinweisen und stelle diese in übersichtlicher Form zusammen (Stichworte).
10/11	Erstelle einen Stammbaum der englischen Königsfamilie. Beginne mit Queen Elisabeth II. aus dem Hause Windsor. Informationen erhältst du im Internet.
12	Ermittle das Geburtsjahr deines Vaters im römischen, arabischen und jüdischen Kalender.
12	Stelle auf einem Zeitstrahl jeweils zwei wichtige Ereignisse aus dem Leben deiner Eltern und Großeltern dar.
12/13	Suche im Lehrbuch nach Hinweisen und nenne die Dauer eines „Mondjahres" und eines „Sonnenjahres".
12/13	Nenne mindestens drei Geräte, mit denen früher die Zeit gemessen wurde.
12/13	Verfasse eine Gebrauchsanleitung für eine Sonnenuhr.

Geräte aus Bronze, 750 v. Chr.

Ein „Haus-Zelt" aus der Altsteinzeit

Felsbilder in der Höhle von Lascaux

Rekonstruktion des 5300 Jahre alten Ötzi, 2011

Schädel eines Neandertalers

Ein jungsteinzeitliches Dorf

Archäologen bergen ein Grab

Die Entwicklung zum Menschen

Die Sonderstellung des Menschen

Gewaltige Klimaveränderungen brachten den Sauriern schon lange vor dem sagenhaften Meteoriteneinschlag vor 65 Millionen Jahren das Ende. Nun gehörte kleinen, spitzmausartigen Säugetieren die Zukunft. Teil dieser Zukunft ist der Mensch, den Wissenschaftler „Homo sapiens" – zu deutsch der „weise Mensch" – nennen. Was aber macht uns „weise" und unterscheidet uns damit vom Tier? Es ist die einmalige Kombination von verschiedenen, in Millionen von Jahren erworbenen Eigenschaften:

- aufrechter Gang,
- Fertigung von Werkzeugen und deren ständiges Mitführen,
- kontrollierte Feuernutzung,
- Sprachvermögen und systematisches, planendes Verhalten,
- enge Gruppenbindung des Einzelnen,
- Entwicklung von Technik, Kunst und Religion.

Vom Tier zum Menschen

Die Entwicklung zum Menschen vollzog sich über einen langen Zeitraum. Im Folgenden sind die wichtigsten Etappen zusammengefasst:

- Vor 25 Millionen Jahren besetzten in verhältnismäßig kurzer Zeit die Säugetiere die Lebensräume zu Lande, zu Wasser und in der Luft. Im Gebiet des heutigen Ägypten lebte ein unscheinbares, etwa einen Meter großes Tier, das Wissenschaftler „Propliopithecus" nennen. Seine gleich langen Vorder- und Hintergliedmaßen ermöglichten ihm – im Gegensatz zu den langarmigen Baumhanglern – den aufgerichteten Gang auf dem Boden.
- Vor 20 bis 15 Millionen Jahren ließ ein Klima mit hohen Niederschlägen üppige Wälder gedeihen. In solchen Gebieten lebte ein Affe, der sogenannte Proconsul. Noch weit mehr als sein Vorfahre aus Ägypten war er imstande, auch ein Bodenleben zu führen. Darum steht er dem Menschen wiederum ein Stück näher.
- Vor 15 bis 8 Millionen Jahren wurde es in Afrika kühler und trockener. Die Waldgebiete lockerten auf und es entstanden offene Landschaften, die auch von Raubtieren bevölkert waren. Die Vorfahren des Menschen überlebten durch engen Zusammenschluss in Gruppen und durch den aufrechten Gang. Dieser ermöglichte eine bessere Übersicht. Viele Funde beweisen, dass in den vielfältigen Landschaften damals eine Reihe von Affenarten lebte.
- Für die Zeit vor etwa 7 Millionen bis vor 150 000 Jahren sind schließlich verschiedene Urmenschen nachweisbar, die für die Entwicklung zum Menschen von Bedeutung waren.

Die frühesten Menschen – Die Urmenschen

Zwei Formen, die schon vor etwa 2,5 Millionen Jahren lebten, rechnet man heute der Gattung Mensch zu: den „Homo habilis", der „begabte Mensch", und den „Homo rudolfensis". Beide konnten Werkzeuge bewusst herstellen und mitführen. Selbst der begabteste Schimpanse – heute unser nächster Verwandter – verwendet Werkzeug nur nach dem Zufallsprinzip und lässt es dann liegen.

M 1 **Spitzmausartige Säugetiere**
Rekonstruktionszeichnung nach archäologischen Funden

M 2 **Proconsul**
Rekonstruktionszeichnung

Noch während diese frühen Menschen zu überleben suchten, begann in den Steppen und Savannen Ostafrikas vor etwa zwei Millionen Jahren ein weiterer Mensch sein stets gefährdetes Leben: der „Homo erectus", der „aufgerichtete Mensch". Die frühesten Exemplare des Homo erectus waren so groß wie heutige Menschen. So erreichte der sogenannte Junge von Turkana mit elf Jahren die Größe von 1,58 m. Spuren des Homo erectus sind nahezu auf der ganzen Welt zu finden. Mit bis zu zwei Meter langen Lanzen wurde gefährliches Großwild wie Nashorn, Elefant, Bison, Hirsch und Bär gejagt.

Der „Neandertaler"

Einer der berühmtesten Urmenschen ist der „Homo sapiens neandertalensis". Er ist trotz seiner altertümlich erscheinenden Merkmale ein moderner Mensch. Sein Körperbau, der an einen Schwerathleten erinnert, war für seine äußerst gefährliche Lebensweise gut geeignet. Er war zum Nahrungserwerb ständig unterwegs und er nutzte Felsüberhänge und Höhleneingänge als vorübergehenden Aufenthalt.

Bei der Jagd auf Großwild wurde er häufig schwer verletzt, aber seine Gemeinschaft half ihm zu überleben. Dieser urzeitliche Mensch beerdigte seine Toten und stellte Schmuck zum Beispiel aus Bärenzähnen her. Vermutlich konnte der Neandertaler auch sprechen. Wissenschaftler haben herausgefunden, dass das für die Sprache wichtige Zungenbein von dem heutiger Menschen nicht zu unterscheiden ist.

M 3 **Skelett des Homo erectus**
Sogenannter Turkana Junge,
1,58 m groß; er starb im Alter von
elf Jahren.

M 4 **Neandertaler**
Leben der Neandertaler, nachgestellte Szene im Neanderthal
Museum Mettmann

Der Homo sapiens sapiens – der Jetztmensch

Vor etwa 150 000 Jahren lebte schließlich der „Homo sapiens sapiens". Er stammt aus Afrika und verbreitete sich über große Teile der Welt, vor etwa 40 000 Jahren auch über Europa. Eine bessere Werkzeugtechnik, die Fähigkeit zur exakten Naturbeobachtung und die Fähigkeit, vorausschauend zu handeln, garantierten seinen Erfolg.

Die Ausbreitung des Jetztmenschen – Arbeiten mit Karte und Darstellung

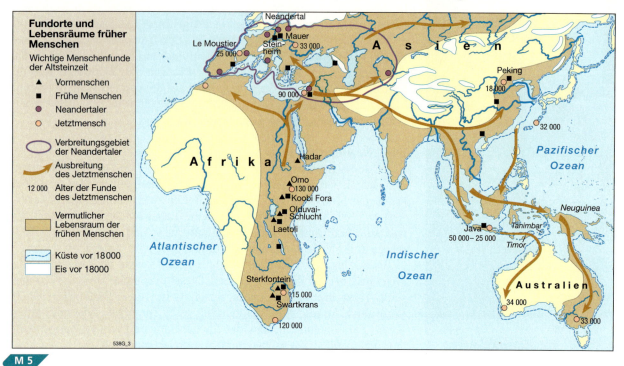

Fundorte und Lebensräume früher Menschen

Wichtige Menschenfunde der Altsteinzeit

▲ Vormenschen
■ Frühe Menschen
● Neandertaler
○ Jetztmensch

⬭ Verbreitungsgebiet der Neandertaler

↪ Ausbreitung des Jetztmenschen

12 000 Alter der Funde des Jetztmenschen

▨ Vermutlicher Lebensraum der frühen Menschen

〰 Küste vor 18 000

☐ Eis vor 18 000

538G_3

M 5

M 6 **Die Besiedlung Australiens**

Der amerikanische Wissenschaftler Jared Diamond hat sich ausführlich mit der Besiedlungsgeschichte der Erde befasst. In seinem Buch „Arm und Reich" schreibt er über die Besiedlung von Australien und Neuguinea Folgendes:

Um vom asiatischen Festland nach Australien/Neuguinea zu gelangen, mussten mindestens acht Tiefseerinnen überquert werden, von denen die breiteste wohl über 80 Kilometer maß. Während
5 die meisten dieser Rinnen zwischen Inseln lagen, die sich in Sichtweite voneinander befanden, war Australien selbst von den nächstgelegenen indonesischen Inseln Timor und Tanimbar aus niemals sichtbar. […]
10 Deshalb ist die Besiedlung von Australien/Neuguinea insofern besonders bedeutsam, als dafür Wasserfahrzeuge erforderlich waren und somit der älteste Beweis für den Gebrauch solcher Fahrzeuge durch den Menschen erbracht war. Erst
15 rund 30 000 Jahre später tauchten Boote in einem anderen Teil der Welt auf, und zwar im Mittelmeerraum.
Anfangs hielten es die Archäologen für möglich,

dass die Besiedlung von Australien/Neuguinea zufällig durch eine Handvoll Menschen erfolgte, 20 die beim Fischen auf einem Floß nahe der indonesischen Inseln aufs Meer getrieben wurden. Im Extremfall hätte es sich bei den ersten Siedlern um eine einzige schwangere Frau mit einem männlichen Fötus (Kind ab dem dritten Schwanger- 25 schaftsmonat) im Leib handeln können. Die Verfechter dieser Zufallstheorie mussten sich jedoch von neueren Entdeckungen überraschen lassen, die ergaben, dass kurz nach der Besiedlung Neuguineas noch andere, weiter östlich gelegene 30 Inseln […] in Besitz genommen wurden.
Daraus folgt, dass die ersten Australier und Neuguineer wahrscheinlich in der Lage waren, gezielte Reisen über das Wasser zu unternehmen, um in Sichtweite gelegene Inseln zu erreichen. 35
Außerdem dürften sie häufig genug mit Flößen oder einfachen Booten hinaus aufs Meer gefahren sein, um wiederholt auch außer Sichtweite liegende Inseln durch Zufall zu entdecken und zu besiedeln. 40

Jared Diamond, Arm und Reich. Die Schicksale menschlicher Gesellschaften, Frankfurt am Main, 1998, S. 53 ff.

Der Neandertaler – Fund und Rekonstruktionen vergleichen

M 7 Der Neandertaler in einer Rekonstruktion von 1909

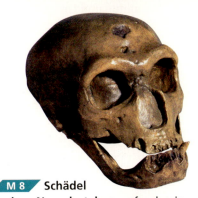

M 8 **Schädel eines Neandertalers,** gefunden in Südfrankreich, ca. 40 000 bis 70 000 Jahre alt

M 9 **Neandertaler** Modell nach neuesten wissenschaftlichen Erkenntnissen

Aufgaben

1. **Unterschiede zwischen Mensch und Tier**
   a) Nenne die Unterschiede zwischen Mensch und Tier.
   b) Erkläre die im Text genannten Eigenschaften des Menschen.
   → Text

2. **Die Ausbreitung des Jetztmenschen**
   a) Fasse die Aussagen der Karte zusammen. Nutze dafür auch die Kartenlegende.
   b) Suche die in der Darstellung von Jared Diamond genannten Länder und Inseln auf der Karte.

c) Stelle die Besiedlungsgeschichte von Australien/Neuguinea mit eigenen Worten dar.
   d) Jared Diamond benutzt in seiner Darstellung die Begriffe „für möglich halten" und „wahrscheinlich". Erläutere den Grund dafür.
   → M5–M6

3. **Fund und Rekonstruktion vergleichen**
   a) Vergleiche die Rekonstruktion des Neandertalers von 1909 mit dem modernen Neandertalerbild.
   b) Erkläre die Gründe für die Unterschiede.
   → M7–M9

M 1 Herstellung eines Faust-
keils

Jäger und Sammler der Altsteinzeit

Werkstoff Stein

Stein war das erste dauerhafte Material, aus dem Menschen Werkzeuge herstellten und so ihr Überleben sicherten. Diese Phase der Menschheitsentwicklung wird deshalb als „Steinzeit" bezeichnet. Die Kunst der Steinbearbeitung entwickelte sich im Lauf der Zeit immer weiter, sodass wir die Steinzeit in eine Alt-, Mittel- und Jungsteinzeit einteilen.

Schon vor mehr als zwei Millionen Jahren wurden einfache Steinwerkzeuge benutzt. So genügte damals ein aus einem Geröll gefertigtes „Handbeil", um an das nahrhafte Knochenmark von Beutetieren heranzukommen. Dazu war Stein von großer Härte, der beim Anschlag leicht absplitterte und scharfe Kanten und Klingen bildete, gut geeignet. Die besten rasiermesserscharfen Abschläge für Klingen, Schaber, Messer und Beile lieferte Flint- oder Hornstein. Rasch lernte der Mensch, Werkzeug hoher Qualität herzustellen. Deshalb sicherte das Wissen um Flintsteinlagerstätten die Überlebensfähigkeit der Gruppe.

Lebensgrundlage: Jagen und Sammeln

Die erfolgreiche Jagd auf Großwild – Mammut, Ur, Nashorn, Ren, Hirsch, Pferd – stellte in der Altsteinzeit die Existenz der Menschen sicher. Sie war jedoch äußerst gefährlich: Mammute und Ure griff man mit bis zu 2,4 m langen Stoßlanzen an. Oft waren schwere Verlet-

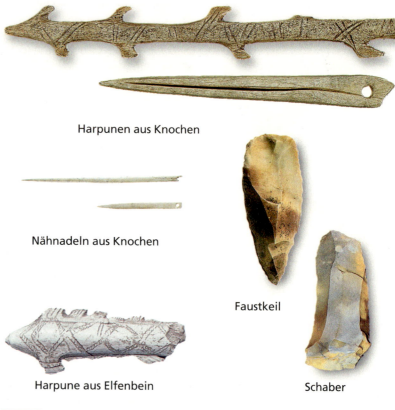

Harpunen aus Knochen

Nähnadeln aus Knochen

Faustkeil

Harpune aus Elfenbein

Schaber

M 2 Werkzeuge und Waffen aus der Altsteinzeit

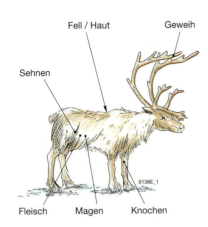

Fell / Haut   Geweih

Sehnen

5138E_1

Fleisch   Magen   Knochen

M 3   **Ein „Nutz-Tier"**
Schemazeichnung

M 4   **Tier oder Mensch?**
Vermutlich ein Zauberer, der für eine Jagdzeremonie Fell und Geweih eines Jagdtiers angelegt hat. Nachzeichnung eines Höhlenbildes von Trois-Frères in Südfrankreich.

zungen der Menschen die Folge. Auch der Fang eines Elefanten erforderte sehr viel Mut. Das Tier wurde in eine Grube getrieben, wo es auf einen zugespitzten Pfahl fiel. Bumerang – der keine australische Erfindung ist – Speer, Speerschleuder, Bogen und Pfeil vergrößerten die Distanz zum gefährlichen Großwild. Außerdem konnte man nun schnelles Wild, wie zum Beispiel Hirsche, leichter erlegen. Die getöteten Tiere wurden vielseitig verwertet.

Neben Nahrungspflanzen wie Früchten, Pilzen, Nüssen, Wildgetreide und Wurzeln sammelten die Steinzeitmenschen auch Heilpflanzen wie Thymian und Rosmarin. Holz, dazu Zunderschwamm und Pyrit, der eigentliche Feuerstein, mussten ständig neu zusammengetragen werden, um Feuer machen zu können.

Abhängigkeit von der Natur

In ganz anderem Ausmaß als heute war der Mensch damals der Natur ausgeliefert. Die Schwankungen der Jahreszeiten, das Ausbleiben von Jagdwild und geringer Ertrag beim Sammeln von Nahrungspflanzen konnten die altsteinzeitlichen Familiengruppen oft an den Rand der Existenz bringen. Sie mussten dann beschwerliche Wanderungen unternehmen, um wieder zu ausreichender Nahrung zu kommen. Daher folgten die Menschen dem Wild. Sie lebten ohne festen Wohnsitz als Nomaden. Auch um am Wohnplatz Unterkünfte zu errichten, mussten die Menschen Material sammeln. Während der frühen Altsteinzeit dürften die Unterkünfte aus einfachen Regen- und Windschutzzelten bestanden haben.

Eine arbeitsteilige Gesellschaft

Die Vielzahl lebensnotwendiger Beschäftigungen und die unterschiedlichen Fähigkeiten des Einzelnen führten zur Arbeitsteilung. Da schwere Verletzungen ausschließlich an männlichen Skeletten feststellbar sind, war die gefährliche Jagd auf Großwild vermutlich den Männern vorbehalten. Die kleineren Kinder blieben wohl zunächst der mütterlichen Obhut anvertraut, allerdings nahm, wie man aus einem Fund erschließen kann, ein steinzeitlicher Bergmann ein 4-jähriges Kind in die Grube mit.

Bereits in der Altsteinzeit vor über 35 000 Jahren begann der Handel zu blühen. So wurden zum Beispiel Flintsteine aus Oberitalien in Polen, Deutschland und in der Schweiz gefunden.

Die Religion des Steinzeitmenschen

Unwetter wie Steppenbrände, Erdbeben oder Überflutungen gingen in der Vorstellung der Urmenschen auf lebensbedrohliche Kräfte zurück. Ihnen war man völlig ausgeliefert. Sie schienen über den Ausgang eines Kampfes mit konkurrierenden Gruppen zu bestimmen.

So wurde ein erfahrener Jäger bei einem Unfall schlagartig zu einem Invaliden, den die Gruppe mit versorgen und durchbringen musste. Der Tod des geliebten Nächsten wurde für die damaligen Menschen offenbar durch ein Geisterwesen bewirkt, das man sich geneigt machen musste. Vielleicht stellten Schamanen den Kontakt zur Geisterwelt her. Diese versuchten mithilfe von Amuletten und Zeremonien Krankheiten zu heilen und Sicherheit für die Gruppe zu erreichen.

Leben in der Altsteinzeit – Rekonstruktionen vergleichen

M 5 **Leben in der Altsteinzeit**
Rekonstruktionszeichnung nach archäologischen Funden

M 6 **Ein „Haus-Zelt"**
Rekonstruktion nach archäologischen Resten
eines Lagerplatzes bei Neuwied im Rheintal,
Behausung vor 12 000 Jahren

Werkzeuge aus der Steinzeit untersuchen

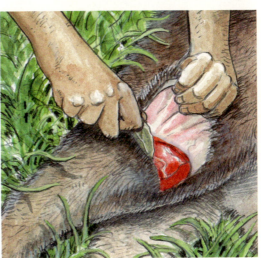

M 7 Arbeiten mit Werkzeugen

Aufgaben

1. Jagd in der Altsteinzeit
a) Beschreibe die Schwierigkeiten, die die Steinzeitmenschen bei der Jagd zu überwinden hatten.
b) Erläutere die Aussage: „Jedes Teil der erjagten Tiere hatte für die Menschen eine Bedeutung."
→ Text, M3

2. Rekonstruktionen vergleichen
a) Vergleiche die Rekonstruktionszeichnung über das Leben in der Steinzeit mit dem Lehrbuchtext und den anderen Materialien.

Arbeite die Informationen heraus, die du in der Rekonstruktionszeichnung wiederfindest und benenne die fehlenden.
b) Beurteile, inwieweit die Rekonstruktionszeichnung historisch korrekt ist.
→ Text, M5, M6

3. Werkzeuge aus der Steinzeit untersuchen
a) Informiere dich über die Werkzeuge der Altsteinzeit.
b) Erkläre die Funktionen der Werkzeuge.
→ Text, M1, M2, M7

M 1 **In der Höhle von Lascaux**

Die Untersuchung der Felsbilder ergab, dass diese in der Zeit zwischen 15 000 und 14 000 v.Chr. entstanden sind, vermutlich um 14 500 v. Chr. Eine in der Höhle gefundene Fett-Lampe belegt, dass das Innere erleuchtet wurde. Das vorliegende Bild befindet sich im sogenannten Schacht, einer tiefen, schwer zugänglichen Stelle in der Höhle. Bei der Herstellung wurde nur schwarze Farbe verwendet. Die Umrisse der Figuren wurden eingeritzt, bevor die Farbe aufgeblasen und dann mit Fingern verstrichen wurde.

M 2 **Das Rätsel von Lascaux**

Der Wissenschaftler Michael Rappenglück stellt in seinem Buch über Lascaux verschiedene Deutungen vor:

a) Die meisten Forscher erkennen in der Bildfolge die „älteste Darstellung" einer Jagd mit allem, was so dazugehören solle: Jäger (Vogelmensch), Jagdbeute (verwundeter Bison), Jagdwaffen
5 (Pfeil, Speer), Tarnmaske (Vogelkopf des Vogelmenschen). Für einen oder mehrere der Beteiligten (Vogelmensch, Bison) endete die Begegnung sicher gesundheitsschädigend, wenn nicht gar tödlich: Ein „Jagdunfall" sei dargestellt, eine Sze-
10 ne, in der es um Leben und Tod ging. […]

b) Wenn in dieser Szene ein menschenähnliches Wesen zu Tode kommt, dann lag es für viele Interpreten nahe, hier ein „Begräbnis" in einer unter-
15 irdischen „Gruft" und in der ganzen Szene ein „Totenritual" gewissermaßen zum „Gedenken" dargestellt zu sehen. Dieser Deutung zufolge ist der Vogel auf dem Stab schlicht ein Grabpfosten

und der Vogelmensch der „Geist des Jägers". Für
20 manchen Forscher verbirgt sich hinter der seltsamen Gestalt gar noch pompöser der „Höhlengeist". Nur sollte dann im weiteren Gedankenschluss auch das „Grab eines Jägers" im Boden des Schachtes auszugraben sein. Allerdings wurden Nachgrabungen, die im Jahre 1949 erfolgten,
25 nicht fündig. […]

c) Immer wieder beziehen die Forscher die „Szene" auf „magische" Handlungen und Vorstellungen. Dabei sind sie sich nicht nur untereinander,
30 sondern sogar in ein und derselben Person uneinig. In diesen Interpretationen ist der Vogelmensch ein Magier oder Zauberer bzw. wird selbst behext. […]

35
d) Die Szene gebe einen Opferritus wieder. Sie zeige, wie nach erfolgreicher Jagd das erste erbeutete Tier, ein Bison, dem Sonnengott geschlachtet werde.

Michael A. Rappenglück, Eine Himmelskarte aus der Eiszeit?, Frankfurt am Main 1999, S.19 ff.

Umgang mit bildlichen Quellen

Bildliche Darstellungen sind wichtig, um Aufschluss über die Vergangenheit zu erhalten. Dabei gibt es allerdings ganz verschiedene Formen: Fotografien, Gemälde, Karikaturen, Zeichnungen, Buchmalereien, Reliefs – und auch Malereien in Höhlen. Über die einzelnen Bilder weiß man unterschiedlich viel. Manchmal kann man genau nachvollziehen, wie ein Bild entstanden ist, wer den Auftrag gegeben hat, wer dafür bezahlt hat, was der Künstler damit ausdrücken wollte und wie es auf die Betrachter gewirkt hat. Oft weiß man leider sehr wenig, und es ist schwierig, nähere Informationen zu erhalten.

Bilder „zu lesen" ist aber auch deshalb schwierig, weil die „Bildersprache" sich ändert. Jede Zeit hatte zum Beispiel ihre eigene Vorstellung, was ein „schöner Mensch" ist. Die „Bildersprache" ist darüber hinaus auch nicht eindeutig. Wir können zwar die Bilder erkennen und beschreiben, aber wir können nicht immer entnehmen, welche Bedeutung damit verbunden ist. So ist es, wenn man etwas über die Vergangenheit erfahren will, interessant und ergiebig, sich mit Bildern zu beschäftigen, auch wenn sich dabei – wie im Beispiel der Höhlenmalereien – nicht alle Fragen klären lassen.

M 3   **Felsbilder in der Höhle von Lascaux** im Südwesten von Frankreich, um 14 500 v. Chr.

Fragen an bildliche Quellen

1. Entstehung des Bildes
- a) Bestimme das Alter der Höhlenmalerei.
- b) Fasse die Informationen über die Entstehung des Bildes (M1) zusammen.

2. Beschreibung des Bildes
- a) Gib den Gesamteindruck des Bildes (M1) wieder.
- b) Beschreibe die einzelnen Elemente.
- c) Erläutere die Anordnung der Bildelemente.
- d) Beschreibe die Farbgebung des Bildes.
- e) Beschreibe die Art der Darstellung (Malweise).

3. Deutung des Bildes
- a) Erläutere die im Bild (M1) enthaltenen Informationen über die Vergangenheit.
- b) Wähle die Deutung aus, die dir am überzeugendsten erscheint. Begründe deine Meinung.

Die Menschen werden zu Bauern

Die „neolithische Revolution"

Eine der größten Veränderungen in der Geschichte war die Änderung der Lebensweise der Menschen in der Steinzeit: Aus Jägern und Sammlern wurden Bauern. Die mit dem Menschen vertrauten Tiere wurden zunächst in Pferchen gehalten, dann gezüchtet. Neuesten Ausgrabungen zufolge geschah dies bereits schon vor fast 10 000 Jahren. Zuerst zähmte der Mensch Schafe und Ziegen, dann kamen Schweine, Pferde und andere Tiere hinzu.

Mit dem regelmäßigen Sammeln von Wildgetreide begann eine Entwicklung, die zum Ackerbau führte. Roggen, Weizen und andere Getreidearten wurden bereits vor 9 000 Jahren angepflanzt. Diese Kenntnisse von Viehzucht und Ackerbau verbreiteten sich allmählich über den Balkan nach Mitteleuropa. Dieser Übergang zur bäuerlichen Lebensweise wird als Neolithische Revolution bezeichnet: als „Revolution", weil diese Veränderung so einschneidend war, als „neolithisch", weil sie in der Jungsteinzeit stattfand. „Neolithikum" leitet sich von den griechischen Wörtern für „neu" und „Stein" ab.

Das Ende der Eiszeit

In den Jahrtausenden davor, vor etwa 20 000 Jahren, brachte eine lang anhaltende Erwärmung die Gletscher zum Schmelzen und ließ eine wechselvolle, hügelige Landschaft entstehen. Schnell breiteten sich Pflanzen, Tiere und der Mensch in diesen Gebieten aus. Der reiche Wildbestand – Wildschwein, Ur, Wisent, Rothirsch, Reh, Elch und Pferd – lieferte den Menschen einen größeren Nahrungsvorrat. Im

M 1 **Äxte und Tongefäß aus der Jungsteinzeit**

M 2

M 3 **Getreidemahlstein aus der Jungsteinzeit**

Mittelmeerraum nahmen im Lauf der Zeit die Graslandschaften zu und der Mensch konnte eine viel größere Zahl an Nahrungspflanzen nutzen. Auch wurden die Werkzeuge immer genauer und die Jagdtechnik immer ausgeklügelter. Bootsbau, Verwendung von Fischreusen und Harpunen sowie neue Grabwerkzeuge und Hacken ermöglichten es, den Speiseplan abwechslungsreicher zu gestalten. Der Hund, das älteste Haustier der Welt, wurde vor mehr als 14 000 Jahren zum Jagdbegleiter des Menschen. Der Mensch begann nun länger an günstigen Standorten zu bleiben. Langsam wurden aus Lagerplätzen Siedlungen und die Lebensgrundlagen veränderten sich: Viehzucht und Ackerbau ergänzten das Jagen und Sammeln.

Leben in der Jungsteinzeit

Mit Grabstöcken und Hacken lockerten die ersten Bauern den Ackerboden. Der Pflug, der den Anbau erheblich verbesserte, wurde erst viel später erfunden. Sicheln aus Feuerstein, mit Pech auf eine hölzerne Unterlage gekittet, schnitten das Getreide. Auf steinernen Mahlsteinen wurde das Mehl gemahlen. Daraus backte man Fladenbrote. Nachdem die Menschen die Kunst der Töpferei erfunden hatten, gab es auch eine dauerhafte Vorratshaltung: Die Familie konnte ihre Nahrungsmittel sicher in Krügen und Töpfen aufbewahren. Weitere Errungenschaften der Jungsteinzeit waren schließlich das Spinnen und das Weben sowie das durchbohrte und geschliffene Steinbeil.

Der „Ötzi" – Ein Sensationsfund

Im Herbst 1991 unternahm ein deutsches Ehepaar eine Bergtour in den Südtiroler Alpen und entdeckte auf seinem Weg über einen Gletscher einen Leichnam. Die ursprüngliche Vermutung, es handele sich um einen verunglückten Bergsteiger, stellte sich schnell als unzutreffend heraus. Die gefundene Mumie, die nach ihrem Fundort in den Ötztaler Alpen „Ötzi" genannt wurde, ist nämlich etwa 5300 Jahre alt. Der Fund, der heute in einem Museum in Bozen zu besichtigen ist, gilt weltweit als Sensation. Viele Experten untersuchten Ötzi mit modernsten Mitteln und fanden heraus, dass er 1,61 m groß war, etwa 58 kg wog und ungefähr 46 Jahre alt wurde. Es wurden geheilte und frische Rippenbrüche festgestellt. Auch das Nasenbein war gebrochen. Die Gelenke wiesen Merkmale von Arthritis auf. In der Lunge konnten Rauchschäden und Schwermetallstaub nachgewiesen werden und in den Haaren lag die Konzentration von Arsen, Kupfer, Kobalt, Nickel und Mangan bis zu fünfzehnmal höher als bei Durchschnittsmenschen. Dies ist heute von Bergleuten bekannt. Seine Ausrüstung bestand aus einer wintertauglichen Lederkleidung und er führte eine Reihe von Werkzeugen mit sich. Dies deutet darauf hin, dass er vermutlich auf dem Weg durch die Alpen war. Untersuchungen zur Todesursache entwickelten sich zu einem Kriminalfall: In der linken Schulter wurde eine Pfeilspitze entdeckt, die ihn tötlich verwundet hatte. Ötzi fiel also einer Gewalttat zum Opfer, bevor er Jahrtausende im Gletschereis verborgen blieb. Das Besondere ist, dass er sowohl Stein- als auch Metallwerkzeuge bei sich hatte. Ötzi lebte also zwischen der Stein- und der Metallzeit. Beide Zeitalter folgten nicht genau aufeinander, sondern überlagerten sich.

M 4 **Der Fund**

Die Leiche im Eis, Foto von 1991

M 5 **Das Kupferbeil**

Das etwa 60 cm lange Beil von Ötzi besitzt einen Schaft aus Eibenholz und eine Klinge aus Kupfer.

Hausbau in der Jungsteinzeit – Arbeiten mit verschiedenen Bildern

M 6 **Insel im Waldmeer**
Modell einer jungsteinzeitlichen Siedlung

M 7 **Rodung**
Rekonstruktionszeichnung

M 8 **Ein jungsteinzeitliches Dorf**
Rekonstruktionszeichnung des Dorfes Pestenacker südlich von Augsburg

M 9 **Herstellung von Bauholz**
Rekonstruktionszeichnung

M 10 **Nachbau eines jungsteinzeitlichen Hauses** im Freilichtmuseum Oerlinghausen (Nordrhein-Westfalen)

Kriminalfall Ötzi – Mit einer Darstellung arbeiten

M 11   „Kriminalfall Ötzi"

Der italienische Arzt und Wissenschaftler Eduard Egarter-Vigl beschreibt die letzten Minuten im Leben von Ötzi (2011):

Der drahtige Mann mittleren Alters […] ist müde vom Aufstieg aus dem Tal bis über die Baumgrenze. Unterwegs hat er Wasser von den umliegenden Bächen getrunken. In seinen Lungen und im
5 Darminhalt konnten Pollen von Pflanzen nachgewiesen werden, die nur im Frühling und Frühsommer blühen. Hatte also zur Zeit seines Aufstiegs auf der Höhe noch Schnee gelegen? Die Ereignisse der vergangenen Tage müssen ihn gezwungen
10 haben, seine Waffenausrüstung zu erneuern. Der halbfertige Bogen und die Rohlinge der Pfeilschäfte zeugen davon. […] Die rechte Hand ist schwer verletzt. An der Brücke zwischen Daumen und Zeigefinger zieht sich eine tiefe Fleischwunde
15 bis auf den Knochen. […] Die Untersuchungen der Wundränder im Mikroskop erlauben eine Rückdatierung der Verletzung auf ein bis drei Tage. Nach den Erfahrungen aus der forensischen Pathologie kann es sich durchaus um eine Kampf- oder eine
20 Verteidigungsverletzung handeln. Weniger plausibel erscheint eine Zufallsverletzung.
Der Mann sucht nach einer einigermaßen sicheren, nicht gleich einsehbaren Stelle zwischen den Felstrümmern, um sich auszuruhen. An die Fels-
25 ränder der Mulde lehnt er seine Ausrüstung; sie wird Jahrtausende später unregelmäßig verstreut, teils im Schmelzwasser schwimmend, teils im Eis festgefroren, geborgen werden. Dann setzt er sich nieder, um sich zu stärken. Computertomografi-
30 sche Aufnahmen des Magens zeigen einen erwei-

terten, gut gefüllten Magen mit einem noch kaum angedauten Inhalt. Aufgrund der grob zerkauten Speisen kann die letzte Mahlzeit nicht lange zurückliegen, höchstens bis zu einer Stunde. […]
Ob sich der Pfeilschütze heimlich im Schutz der mannshohen Felsblöcke angeschlichen hat oder sein Opfer am Joch schon erwartet hat, wird sich wohl nie klären lassen. […]
Der Pfeil trifft das Opfer wie ein Blitzschlag, unvorbereitet und mit enormer Wucht. Man kennt die verheerende Wirkung ähnlicher Pfeilgeschosse von der Jagd und von Beschreibungen

M 12   **Ötzi**, Rekonstruktion, 2011

der Kämpfe zwischen nordamerikanischen Indianern und Siedlern. Der Mann verliert das Gleichgewicht, fällt bei den unregelmäßigen Bodenver- 60 hältnissen nieder, der Schmerz ist brennend und lähmend zugleich, raubt ihm die Sinne.

Eduard Egarter-Vigl, Kriminalfall Ötzi, in: Angelika Fleckinger (Hg.), Ötzi 2.0. Eine Mumie zwischen Wissenschaft, Kult und Mythos, Stuttgart 2011, S. 70–77.

Aufgaben

1. Leben in der Jungsteinzeit
a) Lege in einem Vortrag mögliche Ursachen für die Sesshaftwerdung der Menschen dar.
b) Vergleiche die jungsteinzeitlichen Werkzeuge mit den Werkzeugen aus der Altsteinzeit.
c) Erkläre die Arbeitsschritte beim Bau eines jungsteinzeitlichen Hauses.
d) Vergleiche die Häuser der Jungsteinzeit mit den Behausungen der Altsteinzeit.
→ Text, M1, M6–M10

2. Kriminalfall „Ötzi"
a) Lies die Beschreibung des Arztes genau und kläre zunächst unbekannte Begriffe.
b) Fertige anhand der Beschreibung eine Tabelle zum Ablauf der Ereignisse vor Ötzis Tod an.
c) Der Autor erläutert oft die Herkunft seiner Erkenntnisse. Arbeite seine Ausführungen heraus und ergänze die Tabelle.
d) Prüfe, ob die einzelnen Ereignisse ausreichend belegt sind. → M11

„Eine weltgeschichtliche Veränderung: Die Menschen werden zu Bauern"

Im Geschichtsunterricht und in anderen Fächern kommt es immer wieder vor, dass du aus Texten, z. B. aus dem Lehrbuch, die wichtigsten Informationen herausarbeiten sollst. Hierzu gibt es verschiedene Schritte und Verfahren.

Im ersten Verfahren geht es darum, in einem Textabschnitt die wichtigsten Informationen (zentrale Begriffe, Schlüsselwörter) zu markieren. Achte darauf, dass du nicht zu viel markierst und markiere nur das Wichtigste!

1. Verfahren: Unterstreichen von zentralen Begriffen und wichtigen Textpassagen

Die Menschen werden zu Bauern

Die „neolithische Revolution"
Eine der größten Veränderungen in der Geschichte war die Änderung der Lebensweise der Menschen in der Steinzeit: Aus Jägern und Sammlern wurden Bauern. Die mit dem Menschen vertrauten Tiere wurden zunächst in Pferchen gehalten, dann gezüchtet. Neuesten Ausgrabungen zufolge geschah dies bereits schon vor fast 10 000 Jahren. Zuerst zähmte der Mensch Schafe und Ziegen, dann kamen Schweine, Pferde und andere Tiere hinzu.

Mit dem regelmäßigen Sammeln von Wildgetreide begann eine Entwicklung, die zum Ackerbau führte. Roggen, Weizen und andere Getreidearten wurden bereits vor 9 000 Jahren angepflanzt. Diese Kenntnisse von Viehzucht und Ackerbau verbreiteten sich allmählich über den Balkan nach Mitteleuropa. Dieser Übergang zur bäuerlichen Lebensweise wird als Neolithische Revolution bezeichnet: als „Revolution", weil diese Veränderung so einschneidend war, als „neolithisch", weil sie in der Jungsteinzeit stattfand. „Neolithikum" leitet sich von den griechischen Wörtern für „neu" und „Stein" ab.

2. Verfahren: Erstellen einer geordneten Stichwortsammlung

Die geordnete Stichwortsammlung soll die wichtigsten Informationen des Textes beinhalten. Dabei kannst du die Stichworte bestimmten Aspekten zuordnen (z. B.: Begriff, Zeitraum), sie in Gruppen anordnen oder auch einzelne Stichworte durch Hinweiszeichen hervorheben.

Hinweis: In deiner Stichwortsammlung müssen die Informationen nicht unbedingt in der Reihenfolge erscheinen, in der sie im Text stehen.

Stichwortsammlung zum ersten Hauptabschnitt des Textes
„Eine weltgeschichtliche Veränderung: Die Menschen werden zu Bauern"

Die „Neolithische Revolution"

- Begriff:
  Revolution = einschneidende Veränderung
  neolithisch = in der Jungsteinzeit (griech. Wortbestandteile für „neu" und „Stein")
- Zeitraum: fand statt vor ca. 10.000 Jahren
- Übergang der Menschen zur bäuerlichen Lebensweise:
  Sammler und Jäger → Bauern und Viehzüchter

- Ackerbau: Roggen, Weizen und andere Getreidearten
- Viehzucht: Schafe, Ziegen, Schweine, Pferde und andere Tiere
- neolithische Revolution = eine der größten Veränderungen in der Geschichte

3. Verfahren: Erstellen einer Mindmap

Auch mithilfe einer Mindmap kannst du die wichtigsten Informationen aus einem Text oder Textabschnitt übersichtlich anordnen.

Mindmap bedeutet wörtlich übersetzt „Gedankenkarte". Mit ihr kannst du die Beziehungen zwischen verschiedenen Begriffen darstellen. Du kannst eine solche Mindmap zum Lernen, zum Wiederholen oder für einen kurzen Vortrag nutzen.

Und so kannst du vorgehen:
In der Mitte notierst du in einem Kreis (oder Kästchen) den Begriff, um den es geht (neolithische Revolution); verbunden durch Linien/ Pfeile, schreibst du um den zentralen Begriff herum in eigenen Kästchen oder Kreisen die wichtigsten Aspekte des Textes (Begriff, Zeitraum, Geschehen, Bedeutung); von diesen Kästchen (oder Kreisen) gehen Linien/Pfeile zu Kästchen (oder Kreisen), in denen du die wichtigsten Informationen zu diesen Aspekten notierst.

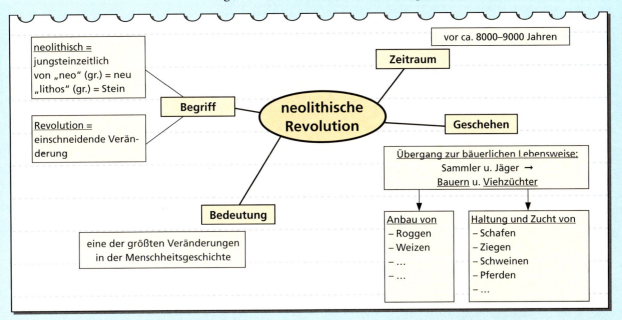

Fragen an darstellende Texte

Auf dieser Doppelseite wurde das Vorgehen am Beispiel des ersten Abschnitts von Seite 28 vorgemacht. Probiere es nun selbst aus:

1. Verstehen von Darstellungen

    a) Lies den Textabschnitt auf Seite 29 „Der Ötzi – ein Sensationsfund" – eventuell mehrmals – aufmerksam durch.

    b) Informiere dich in einem Lexikon über unbekannte Begriffe.

2. Aufbau von Darstellungen

    a) 1. Schritt: Kopiere die Seite 29 und markiere im Abschnitt „Der Ötzi – ein Sensationsfund" Schlüsselbegriffe.

    b) 2. Schritt: Fertige eine geordnete Stichpunktsammlung zum Abschnitt „Der Ötzi – ein Sensationsfund" an.

    c) 3. Schritt: Erstelle eine Mindmap zum Abschnitt „Der Ötzi – ein Sensationsfund".

Bronze, Eisen und Salz

Metall statt Stein

Viele Werkzeuge, die heute verwendet werden, sind nicht mehr aus Stein, sondern aus Metall. Wann der Mensch zum ersten Mal solche Metallwerkzeuge benutzte, werden wir wahrscheinlich nie ganz genau wissen. Allerdings zeigen Funde aus Vorderasien, dass dies schon vor mindestens 7000 Jahren der Fall war. Seit etwa 3000 v. Chr. lösten Gegenstände aus Metall zusehends diejenigen aus Stein ab.

Kupfer, Bronze und Eisen waren die wichtigsten Metalle. Die archäologische Untersuchung der frühesten Schmelzöfen beweist, dass Kupfer das erste Metall im praktischen Gebrauch war. Kupferwerkzeuge hatten gegenüber Stein den Vorteil, dass die Klingen nachgeschärft oder eingeschmolzen und neu gegossen werden konnten. Die Entdeckung des Kupfers hing mit dem Abbau des Flintsteins zusammen. Wenn man das Gestein mit Feuer mürbe macht, kann ein rötlichbraunes, festes Metall entstehen, das sich leicht formen lässt und scharfe Ränder aufweist. Mit etwas Geschick ist es beliebig zu formen.

Bronze und Eisen

Die Mischung von Kupfer mit Zinn im Verhältnis 9:1 ergibt Bronze. Gegenüber dem Kupfer hat dieses Metall den Vorteil, dass es wesentlich härter ist. Die Bronze setzte sich in Kleinasien, Ägypten und dem Zweistromland seit etwa 3000 v. Chr. durch. In Mitteleuropa entwickelte es sich erst ab etwa 1800 v. Chr. zum wichtigsten Werkstoff. Dieser Zeitabschnitt, der ungefähr bis 800 v. Chr. dauerte, wird deshalb Bronzezeit genannt.

Ab etwa 2000 v. Chr. trat an die Stelle von Kupfer und Bronze allmählich aber auch das Eisen. Das neue Material, widerstandsfähiger als Kupfer und Zinn, begann auch die Landwirtschaft zu revolutionieren: Der Eisenpflug gestattete nun, auch schwere Böden zu pflügen. Eiserne Waffen setzten sich rasch durch. Die Eisenzeit begann.

Der Ofen wird mit Kupfererz und Holzkohle gefüllt, das Feuer mit einem Blasebalg angefacht.

Flüssiges Kupfer (ca. 1100 °C) setzt sich ab. Abstechen der Schlacke.

③ Die Brocken werden weiter zerkleinert und erzhaltige Gesteine vom tauben Gestein getrennt.

① Erzgänge werden mit Feuer und kaltem Wasser rissig gemacht; danach werden die Brocken herausgeschlagen.

② Die Erzbrocken werden in Körben gesammelt und nach oben transportiert.

Schlacke und Kupfer werden entnommen.

M 1 Erzbergbau und Kupferschmelzofen in der Metallzeit
Rekonstruktionszeichnungen

M 2   **Keltischer Eisenhelm**
Südwestfrankreich,
4. Jahrhundert v. Chr.

Die Kelten, eine europäische Kultur

Ein Zentrum dieser Kultur war von 1300 bis 500 v. Chr. Hallstatt im heutigen Österreich. Salz spielte hier eine wichtige Rolle. Der Handel mit Salz reichte bis in den Mittelmeerraum. Von Hallstatt bis nach Nordfrankreich erstreckte sich das Gebiet der Hallstattfürsten. Die Hallstattsiedlungen wurden etwa im 6. Jahrhundert v. Chr. verlassen.

Von Norden breitete sich dann eine jüngere keltische Kultur in ganz Europa aus, für die Gold- und Bronzeschmuck mit Tier- und Pflanzenmotiven typisch ist. Sie wird nach dem Fundort La Tène in der Schweiz benannt. Für den Untergang der La Tène-Kultur sind vermutlich viele Ursachen verantwortlich: Verlegung der Handelswege, Erschöpfung der Ressourcen Salz, Erz und Holz sowie Bevölkerungszunahme und Machtkämpfe.

Eine arbeitsteilige Gesellschaft

Gegenüber den früheren Kulturen herrschte bei den Kelten ein hohes Maß an Arbeitsteilung und es bestand ein klarer Herrschaftsaufbau. Während die Spezialisten für Bergbau und Hüttenwesen neben den Dingen des täglichen Bedarfs kostbaren Schmuck, Waffen und teure Luxusgegenstände herstellten, sorgte die bäuerliche Bevölkerung für die Nahrungsgrundlage. Eine Gruppe von waffenfähigen Anführern übernahm den Schutz der Gemeinschaft.

Woher wissen wir etwas über die Kelten?

Da die Kelten ihre Verstorbenen beisetzten und ihnen ihre Habe mitgaben, lassen sich aus den Grabfunden wertvolle Erkenntnisse gewinnen. Auch sind Reste ihrer Siedlungen erhalten geblieben. Schließlich berichten römische Autoren über die Kelten. Von den Kelten selbst sind hingegen keine schriftlichen Zeugnisse überliefert.

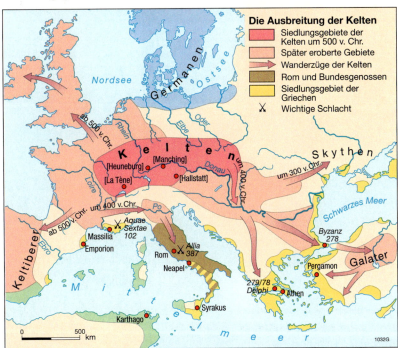

M 3

Eine archäologische Grabung nachvollziehen

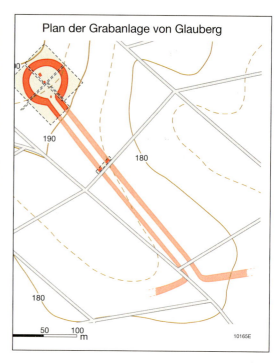

Plan der Grabanlage von Glauberg

190

180

180

50   100
m

10165E

M 4 Der keltische Fürstengrabhügel Glauberg

Etwa 30 km nordöstlich von Frankfurt/Main entdeckten Archäologen im Jahr 1994 einen frühkeltischen Grabhügel von 48 m Durchmesser mit zwei reich ausgestatteten Fürstengräbern des 5. Jahrhunderts v. Chr., zu denen eine 350 m lange und 10 m breite Prozessionsstraße hinführt.

M 5 Die Bergung

Äußerst vorsichtig wird das komplette Grab in einem Block in die Restaurierungswerkstatt des Landesamts für Denkmalpflege Hessen nach Wiesbaden transportiert.

M 6 Die wissenschaftliche Auswertung

Hier wird vom Grab eine Röntgenaufnahme gemacht. Anschließend bergen Wissenschaftler mit Lupe und Pinzette eine Fülle von Schätzen, die sorgfältig restauriert und konserviert werden.

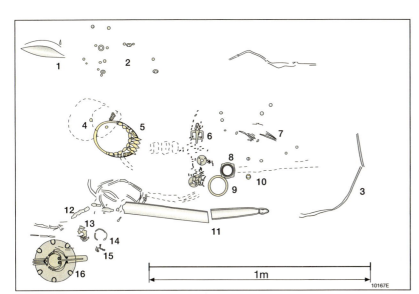

Fundstücke:

1. Eiserne Lanzenspitzen
2. Bronzeringe und -nieten eines unbekannten Gegenstandes
3. Eiserne Schildrandbeschläge
4. Zwei goldene (?) Ringlein
5. Goldener Halsring
6. Bronzener Gürtelhaken mit Gürtelringen und -beschlagteilen
7. Eisenreste
8. Bronzeringe
9. Goldener Armring
10. Goldener Fingerring
11. Eisernes Schwert mit bronzenen Scheidenbeschlägen
12. Verschiedene Eisenreste
13. Bronzene tiergestaltige Fibel
14. Bronzering
15. Zwei Bronzefibeln
16. Bronzene Schnabelkanne

Knochen des Skelettes sind durch gepunktete Linien dargestellt.

1m

10167E

10167E_1

M 7 Plan von Grab 1 nach Röntgenbildern

M 8

M 9

M 10

Aufgaben

1. **Die Bedeutung neuer Werkstoffe**
   a) Erkläre die Herstellung von Kupfer.
   b) Erläutere die Veränderungen im Leben der Menschen, die sich durch den Einsatz von Metall für Werkzeuge ergaben.
   → M1, M2
2. **Eine archäologische Grabung nachvollziehen**
   a) Vergleiche das Luftbild vom Glauberger Fürstengrabhügel mit dem Plan der Anlage. Identifiziere den Grabhügel und die Prozessions-

straße auf dem Luftbild (Hinweis: Auf dem Foto ist nur ein Teil der Straße abgebildet).
   b) Beschreibe die Bilder und erkläre die Gründe dafür, dass das Grab in einem Block in die Restaurierungswerkstatt gebracht wurde.
   c) Vergleiche den Plan mit den abgebildeten Fundstücken aus dem Grab. Benenne die Fundstücke.
   → M4–M10

37

Museen präsentieren das Leben der Vergangenheit

Im Freistaat Sachsen gibt es einige Museen, in denen wir etwas über das Leben der Menschen von der Steinzeit bis in die heutige Zeit erfahren können. Sie erklären uns, wie die Menschen damals gearbeitet haben, welche technischen Errungenschaften sie nutzten und woran sie glaubten. Ein besonders vielseitiges Bild der Geschichte unserer sächsischen Heimat vermittelt das Staatliche Museum für Archäologie im ehemaligen Kaufhaus Schocken im Zentrum von Chemnitz. Dort befindet sich (ab 2014) in den Etagen 1 bis 3 eine Dauerausstellung zur Archäologie und Geschichte Sachsens, während im 4. Obergeschoss Sonderausstellungen präsentiert werden.

Im Staatlichen Museum für Archäologie werden Zeugnisse menschlichen Lebens seit der Eiszeit gezeigt. Ein ganz besonderes Ausstellungsstück ist ein Schieferplättchen mit einer kleinen Ritzzeichnung. Es entstand vor etwa 14 500 Jahren. Zu dieser Zeit war es in unserer

M 1 Staatliches Museum für Archäologie
Das Staatliche Museum für Archäologie Chemnitz wird 2014 eröffnet, Foto von 2012.

M 2 Die Pferdegravierung von Groitzsch
Schieferplatte mit einer Länge von 53 mm, einer Breite von 33 mm und einer Dicke von 7 mm, um 12 500 v. Chr.

Region sehr kalt und die Menschen lebten als umherziehende Pferde- und Rentierjäger. Auf dem Schieferplättchen sind drei Pferde eingeritzt. Alle Pferde haben im Halsbereich einen „Einstich". Das Plättchen wurde absichtlich zerstört und diente vermutlich zum Jagdzauber. Gefunden wurde dieses Kunstwerk schon 1958 am Rande der Ortschaft Groitzsch bei Eilenburg.

Das Museum – Lernen mal ganz anders
Auch in anderen Museen in Sachsen kann man etwas zur Ur- und Frühgeschichte in unserer Region erfahren. Auf der Internetseite http://www.sachsens-museen-entdecken.de/ findet ihr auch ein nahe gelegenes Museum, das urgeschichtliche Fundstücke wie Keramikscherben, Pfeilspitzen, Steinbohrer präsentiert, die Nutzung neuer Waffen beschreibt und auf die Rolle des Feuers für die damaligen Menschen hinweist.

M 3 Bandkeramisches Gefäß von Altscherbitz
Reich verziertes Gefäß aus einem 7000 Jahre alten Brunnen

Die meisten Museen bieten sogar die Möglichkeit, selbst aktiv zu werden. Auf der Museumsseite könnt ihr unter dem Link „Museen entdecken" verschiedene Beispiele dafür finden. Im Museum der Westlausitz in Kamenz könnt ihr z.B. die Handwerkstechnik Bronzeguss selbst erlernen und Schmuckstücke aus Stein oder Zinn gestalten, Pfeile, Tonschalen oder Ledersäcke herstellen.

Im Kulturlandschaftsmuseum „Wermsdorfer Wald" könnt ihr Grabungsorte besichtigen, in den Sommerferien finden dort sogar Grabungen mit Schülern statt.

Für alle Museen gilt: Das umfangreiche Museumsangebot kann bei einem einmaligen Besuch kaum in seiner Gesamtheit entdeckt werden. Aus diesem Grund ist es wichtig, einen Museumsbesuch gut vorzubereiten.

Internetseiten

www.archaeologie.sachsen.de

Zum Weiterlesen

Sachsen: archäologisch. 12.000 v. Chr.
– 2.000 n. Chr., Dresden 2000.
Atlas zur Geschichte und Landeskunde
von Sachsen. Ur- und Frühgeschichte
Sachsens, Leipzig und Dresden 2010.
ARCHAEONAUT – Hefte zu archäologischen Kulturdenkmälern in Sachsen.
ARCHAEO – Die neue populärwissen-
schaftliche Zeitschrift, 2008.

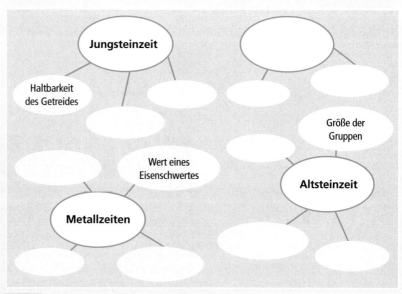

M 4 Mögliche Themen und Fragen

Einen Museumsbesuch durchführen

1. Vorbereitung
a) Informiere dich über Öffnungszeiten und Eintrittspreise.
b) Informiere dich über die inhaltlichen Schwerpunkte des Museums.
c) Entscheide gemeinsam mit deinen Mitschülern, ob es sinnvoll ist, eine Führung im Museum zu organisieren.
d) Bildet Arbeitsgruppen zu verschiedenen Themen und formuliert Fragen zu eurem Thema (vgl. M4).

2. Durchführung
a) Sucht im Museum die Abteilungen, die sich mit eurem Thema befassen.
b) Findet Antworten auf eure Fragen. Fragt den Museumspädagogen oder Aufsichtspersonal, wenn ihr Dinge nicht versteht.
c) Erkundigt euch auch nach zusätzlichen Materialien.

3. Auswertung
a) Beurteilt, inwieweit ihr ausreichende Informationen für die Beantwortung der Aufträge gesammelt habt.
b) Stellt eure Ergebnisse in der Klasse vor.
c) Wertet abschließend den Besuch des Museums aus: Diskutiert in der Klasse über gelungene und verbesserungsfähige Aspekte.

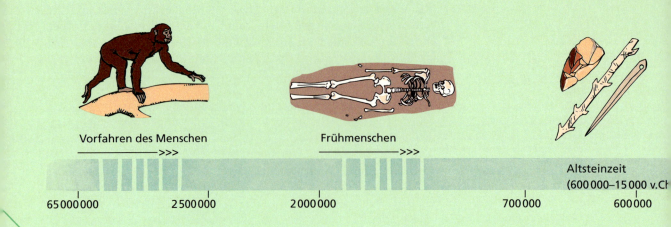

Vorfahren des Menschen
>>>

Frühmenschen
>>>

Altsteinzeit
(600 000–15 000 v.Ch

| 65 000 000 | 2 500 000 | 2 000 000 | 700 000 | 600 000 |

Zusammenfassung

Die Entwicklung zum Menschen und die Entwicklung des Menschen war ein außerordentlich langer Prozess, der sich über Millionen von Jahren erstreckte. Dabei bildeten sich nach und nach besondere Eigenschaften heraus, die den Menschen vom Tier unterscheiden: der aufrechte Gang, die Benutzung von Werkzeugen, die Beherrschung des Feuers, ein ausgeprägtes Sozialverhalten und die ausgiebige sprachliche Kommunikation sowie die Fähigkeit zu planen.

Das Jagen von Tieren und das Sammeln von Pflanzen bildete die Lebensgrundlage der frühen Menschen. Nach und nach kamen die Fähigkeit zur Viehzucht und zum Ackerbau hinzu. Die Menschen wurden sesshaft. Dies ist ein bedeutender Vorgang innerhalb der Geschichte der Menschheit. Die frühen Menschen entwickelten auch schon religiöse Vorstellungen.

Da die benutzten Werkzeuge aus Stein waren, bezeichnet man diese Zeit als Steinzeit. Je nachdem, wie die Werkzeuge gearbeitet sind, kann man eine Alt-, eine Mittel- und eine Jungsteinzeit unterscheiden.

Die Menschen lernten in der Folge, auch Metall zu gewinnen und zu bearbeiten, nämlich Kupfer, Bronze und Eisen. In dieser Zeit ist schon die Gewinnung von Salz nachweisbar und es bestand ein lebhafter Handel durch ganz Europa. Eine wichtige Kultur in der damaligen Zeit war die der Kelten.

Neandertaler

Jetztmenschen
Sesshaftigkeit (10 000 v. Chr.)

Jungsteinzeit
(10 000–2 000 v. Chr.)

500 000	400 000	300 000	200 000	100 000	Chr. Geburt

Daten

Vor etwa 2 Millionen Jahren:
Auftreten des Frühmenschen

Seit etwa 10 000 v. Chr.:
Übergang zur Sesshaftigkeit

Begriffe

Archäologie
Quelle
Darstellung
Altsteinzeit
Jungsteinzeit
Neolitische Revolution
Eisenzeit

Personen

„Ötzi"

Tipps zum Thema: Die Menschen in der Vorgeschichte

Filmtipp

Leben in der Steinzeit (FWU),
DVD-Video, 56 min, Bundesrepublik Deutschland 2006

Der Ötztalmann und seine Welt.
Das Jahr bevor er schlief, 93 min,
Deutschland/Österreich/USA
1999

Lesetipp

Wolfgang Kuhn: Mit Jeans in die
Steinzeit. Ein Ferienabenteuer in
Südfrankreich, München 2005

Museen

Museum der Westlausitz,
  Kamenz
Landesmuseum für Vorgeschich-
  te, Dresden
Muzej Budyšin, Bautzen
Heimat- und Palitzsch-Museum
  Prohlis, Dresden
Stadt- und Waagenmuseum
  Oschatz
Karrasburg Museum Coswig
Naturkundemuseum Leipzig

Kommentierte Links: www.westermann.de/geschichte-linkliste

Thema: Menschen in der Vorgeschichte

Hinweis: Die folgende Tabelle dient der Selbsteinschätzung deiner erworbenen Kenntnisse und Fähigkeiten. Die Auflistung erhebt nicht den Anspruch, vollständig zu sein. Es handelt sich um eine Auswahl, die ggf. erweitert werden kann. In der rechten Spalte findest du Hin-

Ich kann …	Ich bin sicher.	Ich bin ziemlich sicher.	Ich bin noch unsicher.	Ich habe große Lücken.
… sechs Eigenschaften aufzählen, die uns Menschen von den Tieren unterscheiden.				
… drei Vorfahren des heutigen Menschen nennen.				
… vier verschiedene Werkzeuge der Steinzeitmenschen benennen.				
… zwei Gründe für die Nichtsesshaftigkeit der Menschen in der Altsteinzeit erläutern.				
… den Begriff „Neolithische Revolution" erklären.				
… die zwei wesentlichen Unterschiede in der Lebensweise der Jungsteinzeitmenschen im Vergleich zu der Lebensweise der Altsteinzeitmenschen erklären.				
… den Übergang von der Steinzeit zur Metallzeit beschreiben.				
… die Herstellung von Metallwerkzeugen erklären.				
… mithilfe einer Karte die Siedlungsgebiete der Kelten benennen.				
… mithilfe von Arbeitsaufträgen eine Bildquelle auswerten.				
… mit dem Minilexikon des Lehrbuches arbeiten.				
… mit dem Register des Lehrbuches arbeiten.				
…				
…				

weise, wie du eventuell vorhandene Lücken oder auch Unsicherheiten beseitigen kannst.

Bitte beachte: Solltest du über ein Leihexemplar dieses Lehrbuches verfügen, dann kopiere die Seiten, bevor du mit ihnen arbeitest.

Auf diesen Seiten kannst Du in ANNO nachlesen	Empfehlungen zur Übung, Wiederholung und Festigung
18	Suche im Lehrbuch nach entsprechenden Hinweisen und gib diese mit eigenen Worten wieder.
18/19	Übersetze mithilfe eines Fremdwörterbuches die Begriffe „Homo habilis" und „Homo erectus".
22–25	Erstelle eine Tabelle mit folgenden Spalten: Werkzeug, Material, Funktion.
22–25	Erläutere anhand der Rekonstruktionszeichnung auf Seite 24 die Gründe für die Nicht-sesshaftigkeit der Altsteinzeitmenschen.
28/29	Suche in einem Lexikon den Begriff „Neolithische Revolution" und gib den Inhalt mit eigenen Worten wieder.
22–25 28/29	Erläutere folgenden Satz: „Die Veränderung der Lebensweise in der Jungsteinzeit verbesserte die Überlebens-chancen der Menschen."
34/35	Erläutere die Vorteile der ersten verwendeten Metalle gegenüber dem Werkstoff Stein.
34	Erkläre die Herstellung eines Beiles.
35	Arbeite mit der Karte auf Seite 35 und einem Geografieatlas: Nenne die heutigen Staaten, auf deren Territorien die Kelten siedelten.
21 27	Werte das Bild M7 auf Seite 21 aus. Gehe dabei nach folgenden Arbeitsschritten vor: 1. Entstehung des Bildes; 2. Beschreibung des Bildes; 3. Deutung des Bildes.
22 146–149	Schlage den Begriff „Faustkeil" im Minilexikon nach. Vergleiche mit der Erklärung im Lehrbuchtext.
150/151	Finde mithilfe des Registers die Stadt, in der sich das Neanderthal Museum befindet.

Unfertiger Obelisk bei Assuan

Nillandschaft heute

Hieroglyphen

Wandmalerei aus einem ägyptischen Grab

Die Pyramiden von Gise

Sarg aus dem Grab
des Tutanchamun

Mumie Ramses' II.

Ägypten zur Pharaonenzeit

△ Pyramide Wirtschaft u. Handel
→ Seeroute ◇ Gold ■ Gesteine
--- Karawanen-weg ◆ Kupfer ✎ Elfenbein
■ Kulturland ✦ Edelsteine 0 ____ 100 km

M 1

Ägypten – Ein „Geschenk des Nil"

Ein Fluss trotzt der Wüste

Archäologische Forschungen haben gezeigt, dass die größte Wüste der Welt, die Sahara, die heute fast den gesamten Norden des afrikanischen Kontinents bedeckt, vor etwa 10 000 Jahren eine sehr fruchtbare Landschaft war. Danach änderten sich in dieser Region allmählich die klimatischen Bedingungen. Wegen der zunehmenden Trockenheit breitete sich die Wüste weiter aus. Für die Menschen wurde dadurch ein Fluss immer wichtiger, der trotz der zunehmenden Trockenheit regelmäßig Wasser führte: der Nil. Dieser Strom entspringt in den regenreichen Gebieten Zentralafrikas und ist mit 6671 km Länge der längste Fluss der Erde. Bis heute kann er der Wüste trotzen.

Ein neuer Lebensraum – Die Flussoase

Dieser Fluss wies viele Besonderheiten auf. Auf einer Länge von über 1000 km bildete der Nil eine Flussoase inmitten der Wüste. Das heißt: Er war die einzige Wasserquelle und nur entlang seiner Ufer war in einem Streifen von bis zu 20 km Breite Ackerbau möglich. Innerhalb dieser Oase war der Boden sehr fruchtbar. Zudem sorgte das stabile heiße Klima dafür, dass viele Nutzpflanzen wie Getreide, Linsen, Erbsen, Bohnen und weitere Gemüsesorten – Bewässerung vorausgesetzt – sehr gut gediehen und sogar mehrere Ernten im Jahr möglich waren. Größere Ackerflächen gab es nur ganz im Norden an der Mündung des Nil ins Mittelmeer, da der Fluss sich dort in mehrere Arme teilte und ein breites Delta bildete. Dieses Gebiet nannten die Bewohner Unterägypten, die Flussoase Oberägypten.

Der Segen der Überschwemmungen

Der Wasserstand des Nil wechselte in regelmäßigen Abständen. Wegen der unterschiedlichen Niederschlagsmengen in den Quellgebieten des Flusses konnte der Unterschied in der Wasserhöhe bis zu acht Meter betragen. Der Strom führte große Mengen von Schlamm mit sich, der sich während des Hochwassers auf den überschwemmten Flächen ablagerte und den Boden fruchtbar machte. In vielerlei Hinsicht war also Ägypten – wie der griechische Geschichtsschreiber Herodot im 5. Jahrhundert v. Chr. sagte – „ein Geschenk des Nil". Die Abhängigkeit der alten Ägypter vom Nil war sehr groß. Eine ausbleibende, zu hohe oder zu niedrige Überschwemmung konnte sehr schnell zu einer Hungersnot führen.

Erst Mitte des 20. Jahrhunderts n. Chr. wurde der Lebensraum am Nil durch den Menschen entscheidend verändert. Durch den Bau des Assuan-Staudamms im südlichen Oberägypten entstand ein riesiger Stausee. Er ermöglicht einerseits eine regelmäßige Wasserversorgung der Flussoase. Andererseits fehlt nun den ägyptischen Bauern der fruchtbare Schlamm.

Die Menschen organisierten ihr Leben

Die Menschen im Alten Ägypten passten ihre Lebensweise der Umgebung an. Mithilfe der Überreste der alten ägyptischen Kultur und durch einen Vergleich mit der Arbeitsweise der heutigen ägyptischen Landbevölkerung ist es möglich, diese Entwicklung zu erschließen.

M 2 **Nordägypten heute**
Satellitenaufnahme aus einer Höhe
von 915 km

In der Flussoase lebten die Bauern auf engem Raum zusammen. Um Konflikte um das kostbare Wasser und den knappen fruchtbaren Boden zu vermeiden, haben sich verbindliche Regeln und Gesetze entwickelt. Darauf deutet das komplizierte Bewässerungssystem hin, das bis heute die Flussoase durchzieht. Denn das System konnte nur funktionieren, wenn es durch alle Bauern gemeinsam instand gehalten wurde und sich jeder an festgelegte Bewässerungszeiten hielt. Ähnliches galt für das gemeinsame Anlegen von Getreidevorräten und deren Verteilung.

Ursprünglich lebten die Bewohner des Nillandes wahrscheinlich in kleineren Gemeinschaften zusammen. Im Laufe der Zeit entstanden dann größere organisatorische Einheiten und im späten 4. Jahrtausend v. Chr. führte diese Entwicklung zum ersten gesamtägyptischen Staat. In Erinnerung blieb dieser etwa 200 Jahre andauernde historische Prozess als die „Vereinigung von Ober- und Unterägypten". Die Ägypter nannten ihr Land „Kemet", das „Schwarze Land", im Gegensatz zur Wüste, dem „Roten Land".

Schrift, Vermessung und Kalender

Aus dem Land am Nil sind Schriftzeichen, die sogenannten Hieroglyphen, überliefert. Offenbar war es notwendig geworden, bestimmte Sachverhalte aufzuzeichnen, zum Beispiel, wem welches Grundstück gehörte, da alle Markierungen durch die jährliche Überschwemmung vernichtet wurden.

Um die einzelnen Grundstücke nach den Überschwemmungen wieder zu vermessen, entwickelten die Ägypter die Geometrie, die mathematische Disziplin der Landvermessung. Lebenswichtig war für sie zudem, den Zeitpunkt der jährlichen Nilschwelle in Erfahrung zu bringen. Dies war jedes Mal der Fall, wenn ein bestimmter Stern, der Sirius, am Abendhimmel erschien. Heute ist dies Anfang August der Fall. So beschäftigten sich die Ägypter mit der Sternenbeobachtung, der Astronomie, und entwickelten daraus einen eigenen Kalender.

M 3 **Nillandschaft**
Heutiger Zustand

Die Nilschwelle – Arbeiten mit Diagrammen, Schaubildern und Quellen

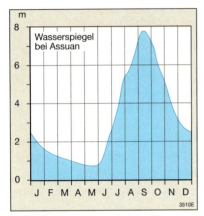

M 4 **Wasserstand des Nil**
Eingetragen sind die Pegelstände des Nil im Jahresverlauf beim Ort Assuan in Oberägypten vor dem Staudammbau, Diagramm.

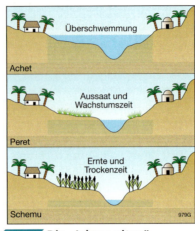

M 5 **Die „Jahreszeiten"**
Ägyptens
Schemazeichnung

M 6 **Bewässerungssystem damals,** Wandmalerei aus einem ägyptischen Grab, etwa 1300 v. Chr.

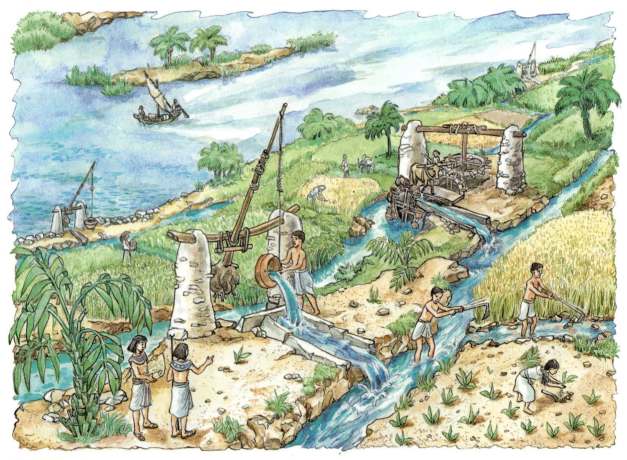

M 7 **Bewässerungssystem**
Rekonstruktionszeichnung

M 8   **Bewässerungssystem heute**

Foto

M 9   **Ein altägyptischer Text über den Nil**

Aus dem Alten Ägypten ist folgender Text überliefert:

Heil Dir, o Nil, der Du der Erde entspringst und nach Ägypten kommst, um es am Leben zu erhalten, der die Wüste tränkt, und den Ort, der dem Wasser fern ist.

Wenn Dein Wasser über die Ufer tritt, wird Dir 5 geopfert und große Geschenke werden Dir dargebracht. Vögel werden für Dich gemästet, Löwen werden für Dich in der Wüste erlegt und Feuer werden für Dich angezündet.
So ist es, o Nil. Grün bist Du, der Du es möglich 10 machst, dass Mensch und Rind leben.

Aus: Adolf Ermann, Die Literatur der Ägypter, Leipzig 1923, S. 193 f.

M 10   **Ein Bericht über Ägypten**

Der Grieche Herodot sammelte im 5. Jahrhundert v. Chr. alles Wissenswerte seiner Zeit über Ägypten. In seinem Bericht heißt es unter anderem:

Die Ägypter waren die Ersten, die die Länge des Jahres feststellten und es in seine zwölf Zeiten einteilten. Die Sterne, sagten sie, hätten sie darauf gebracht. Ihre Berechnungsweise ist klüger als die der Hellenen, scheint mir, weil die Hellenen in 5 jedem dritten Jahr einen Schaltmonat einschieben, um mit dem natürlichen Jahr in Übereinstimmung zu bleiben, während die Ägypter zwölf Monate zu je dreißig Tagen zählen und in jedem Jahr noch fünf Tage hinzutun. So treffen das 10 Kalenderjahr und das natürliche Jahr immer zusammen.

Herodot, Historien, übers. von A. Horneffer, Stuttgart 1971, S. 100.

Aufgaben

1. Der Nil – Die Lebensader Ägyptens
   a) Beschreibe die Veränderungen des Wasserstandes des Nil im Jahresverlauf.
   b) Nenne die Monate unseres Kalenders, die den jeweiligen ägyptischen „Jahreszeiten" entsprechen.
   c) Erläutere die Arbeiten, die ein ägyptischer Bauer in den verschiedenen „Jahreszeiten" verrichten musste.
   d) Informiere dich im Text M9 über die Eigenschaften, die die Ägypter dem Nil zuschrieben.
   e) Erstelle aus den Informationen einen kurzen Sachtext und beurteile, inwieweit der Autor die Bedeutung des Nil richtig einschätzt.
   → Text, M4, M5, M9

2. Arbeiten mit dem Geografieatlas
   a) Suche den Assuan-Staudamm. Berechne die Entfernung des Damms zur Nilmündung.
   b) Benenne das Quellgebiet des Nil und liste die Länder auf, durch die der Nil fließt.
   → Geografieatlas, M1

3. Wissenschaftliche Leistungen der Ägypter
   a) Beschreibe die Erfindung der Ägypter, die auf der Wandmalerei (M6) dargestellt ist.
   b) Erkläre anhand der Rekonstruktionszeichnung das Bewässerungssystem der Ägypter.
   c) Erkläre mithilfe des Berichts von Herodot den Kalender der Ägypter und vergleiche ihn mit unserer heutigen Jahreseinteilung.
   d) Erläutere die Kenntnisse, über die die Ägypter verfügen mussten, um einen derartigen Kalender entwickeln zu können.
   e) Beurteile, ob weitere wissenschaftliche Kenntnisse der Ägypter wichtig für deren Alltagsleben waren.
   → Text, M6–M10, Internet
   (z.B. www.meritneith.de/wissenschaft.htm)

M 1 Goldener Sarg aus dem Grab des Tutanchamun

M 2 Das Grab des Pharaos Tutanchamun wird geöffnet
Howard Carter (rechts) und Lord Carnarvon, der Geldgeber der Expedition, öffnen die Türvermauerung zur Sargkammer, 17. Februar 1923.

Ägyptologie – erstens war es anders und zweitens als man denkt

Als Howard Carter das Grab des Tutanchamun 1922 im Tal der Könige bei Luxor entdeckte, war der Name des Königs nur Experten bekannt. Heute kennt ihn die ganze Welt. „Das lebende Bild des Gottes Amun", so die wörtliche Übersetzung seines Namens, ist der berühmteste Ägypter aller Zeiten. Doch was wissen wir eigentlich über den jungen König, der bereits mit etwa 20 Jahren starb? Im Prinzip so gut wie nichts! Bis vor ein paar Jahren, als Forscher das Erbgut (DNA-Material) verschiedener Mumien mit dem Tutanchamuns verglichen, war nicht einmal klar, wer seine Eltern waren. Heute scheint es ziemlich sicher, dass Tuts Vater König Echnaton war. Seine Mutter war allerdings nicht die berühmte Nofretete, sondern eine Schwester Echnatons. Ihr Name? – Nicht bekannt!

Mittlerweile sind jedoch einige Ägyptologen der Ansicht, dass diese Ergebnisse alle falsch sind. Aufgrund dieses Durcheinanders drängen sich dem Nichtägyptologen zwei Fragen auf: Woher wissen wir eigentlich, was damals im Alten Ägypten war und warum wissen wir vieles nicht oder nur ganz ungenau?

Ein Priester erzählt

Eine wichtige Quelle der Ägyptologen stellen die Schriften des Priesters Manetho dar, der im dritten vorchristlichen Jahrhundert alles aufschrieb, was über die Vergangenheit des Landes am Nil bekannt war. Zu diesem Zeitpunkt reichte die ägyptische Geschichte aber bereits fast 3000 Jahre zurück. Obwohl er vermutlich auf uralte Aufzeichnungen in ägyptischen Tempeln zurückgreifen konnte, war wohl vieles schon so in Vergessenheit geraten, dass Manetho manches aufgeschrieben hat, was wir heute nicht mehr nachvollziehen können oder was sich durch weitere Untersuchungen als falsch herausgestellt hat. Zudem sind Manethos Bücher nicht im Original erhalten. Übrig sind nur Abschriften von späteren Autoren und auch die sind nicht alle vollständig. Im Prinzip handelt es sich um ein Puzzle, mit vielen fehlenden Puzzlestücken und Teilen, die von Anfang an nicht zusammenpassten. Eine also fast unlösbare Aufgabe! Eine Idee Manethos verwendet die Ägyptologie allerdings bis heute: seine Einteilung der langen Geschichte Ägyptens in 30 Dynastien (Königsfamilien).

Spurensuche der Archäologen

Wenn man heute Genaueres darüber wissen möchte, wie und wo z. B. Tutanchamun wohnte, muss man Archäologen um Rat fragen. Im Gegensatz zu den Tempeln der Götter, die für die Ewigkeit und daher aus unvergänglichem Stein erbaut wurden, verwendete man nämlich für Häuser und auch Paläste ungebrannte Nilschlammziegel. Dieses Baumaterial ist nicht unendlich lange haltbar und wenn man nicht ständig renoviert, fällt das Gebäude bald zusammen. Archäologen führen heute Ausgrabungen durch, fördern die Reste zutage und rekonstruieren, wie das ursprüngliche Gebäude aussah. Wir wissen deswegen einiges über die Palastanlagen, in denen Tutanchamun sein Leben verbrachte, aber längst nicht alles. Nicht immer ist klar, welchem Zweck viele Räume oder Gebäudeteile dienten und die Mauerreste sagen meist nicht viel über die Bewohner selbst aus. Immerhin wissen wir, dass Tuts Familie Zimmer liebte, deren Wände und Fußböden bunt mit Darstellungen von Pflanzen und Tieren bemalt waren.

Einige Fundstücke müssen übrigens genau unter die Lupe genommen werden. Manches ist z.B. nur auf den ersten Blick alt und stellt sich auf den zweiten als das Werk eines sehr geschickten modernen Fälschers heraus. Fälschungen gab es aber auch bereits im Altertum: Viele Könige griffen gerne auf Bauten oder Statuen ihrer Vorgänger zurück und ließen deren Namen ausmeißeln und durch ihren eigenen ersetzen. Wenig Aufwand, aber maximales Ergebnis! Auch Tutanchamun wurde Opfer seiner Nachfolger. Im Luxor-Tempel beispielsweise nahm einige Jahre nach seinem Tod Pharao Haremhab eine riesige Tempelwand, auf der Tut ein Fest des Gottes Amun hatte darstellen lassen, in Beschlag und gab die Reliefs als seine eigenen aus. Clevere Ägyptologen kamen ihm aber auf die Schliche.

Aufzeichnungen der alten Ägypter

Seitdem die Ägypter über die Schrift verfügten, gab es praktisch nichts, was man nicht aufschrieb: auf Papyrus, auf Tempel- oder Grabwänden oder den „Schreibblöcken" des alten Ägyptens, großen Kalksteinsplittern, die man nur vom Boden aufheben musste und dann für Notizen oder Skizzen verwenden konnte. Vieles davon hat die Jahrtausende überdauert und kann von Ägyptologen gelesen und ausgewertet werden. Da gibt es Steuerlisten, Expeditionsberichte (z. B. die abenteuerliche Reise der Königin Hatschepsut in das sagenhafte Weihrauchland

M 3 „Brief aus Stein"
Brief eines Mannes an eine Seherin, die er zum plötzlichen Tod seiner Kinder sowie zu seinem eigenen Schicksal und dem der Mutter der Kinder befragt, Kalkstein, 18,3 x 13,3 cm, um 1200 v. Chr.

M 4 Ramses II. – ein Sieger?
Das Relief stellt den Sieg Ramses II. über seine Feinde dar, bemalter Sandstein, 13. Jh. v. Chr.

Punt), religiöse Texte, Prozessakten (besonders spektakulär der Prozess gegen die Verschwörer, die versuchten, Ramses III. umzubringen) und vieles mehr. Sehr häufig erzählen Adelige oder Könige von wichtigen Ereignissen, an denen sie beteiligt waren. Dabei hatten die Ägypter allerdings eine vollkommen andere Vorstellung von Geschichte als wir. Wer heute ein Geschichtsbuch liest, erwartet, dass alles so dargestellt wird, wie es sich wirklich zutrug. Nicht so die alten Ägypter. Alles, was schriftlich oder bildlich festgehalten wurde, war für sie für immer vorhanden. Für die Ewigkeit wünschte man sich allerdings, einen Idealzustand festzuhalten. Kriege, die ganz oder beinahe verloren gingen, wurden auf den Wänden der Tempel dennoch als große Siege gefeiert. Ramses II. konnte in der berühmten Schlacht von Kadesch gegen die Hethiter mit Mühe und Not gerade noch eine totale Niederlage vermeiden. Die Reliefs seiner Tempel aber erzählen von einem großartigen Triumph. Dass die Ägypter einfach immer siegreich sein mussten, so stellte man sich am Nil eine geordnete Welt vor. Wenn das einmal nicht so war, dann wurde der Wahrheit eben ein wenig nachgeholfen.

Ähnliches gilt auch für Statuen. Ägyptische Königsstatuen zeigen deswegen den Pharao immer idealisiert, d. h. als strahlend jungen, athletischen und gutaussehenden Mann, auch wenn der König längst nicht mehr oder niemals so aussah. Wenn man also die berühmte Totenmaske Tutanchamuns betrachtet, dann kann man das tatsächliche Aussehen allenfalls erahnen. Um herauszufinden, wie die Könige wirklich aussahen, muss man schon einen Blick auf ihre Mumien werfen.

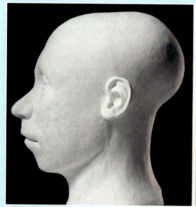
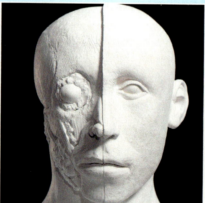
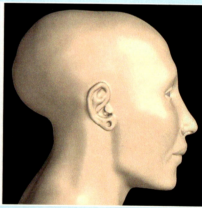

M 5 Das wirkliche Gesicht des Pharaos Tutanchamun
Rekonstruktion des Gesichts von Tutanchamun, die 2005 anhand der Mumie mithilfe einer Computertomografie hergestellt wurde.

Immer wieder verfassten Priester lange Listen der Könige, die schon über Ägypten geherrscht hatten. Dabei „vergaß" man allerdings diejenigen, die nicht so ganz der Vorstellung von einer geordneten Welt entsprachen. Sethos I. beispielsweise ließ in seinem Tempel in Abydos eine Königliste mit den Namen all seiner Vorgänger in die Wand meißeln. Den Namen Tutanchamuns jedoch sucht man vergeblich. Als Sohn Echnatons, der Unerhörtes getan und die Götter abgeschafft hatte, war er in den Augen Sethos' niemand, der für „Millionen von Jahren" als Pharao gelten sollte. Ägyptischen Abbildungen oder Aufzeichnungen sollte man also immer mit einer Portion Misstrauen begegnen, denn nach unseren Vorstellungen verlässliche Informationen liefern sie nicht immer.

Die Grabkammer des Pharaos Tutanchamun
Luxor, Fotografie von 1994

Der Tod des Pharaos Tutanchamun

Tutanchamun starb ungefähr im Jahr 1324 v. Chr. Während wir genau wissen, dass er im Frühling beigesetzt wurde, weil auf einem seiner Särge Blumen gefunden wurden, die nur zu dieser Jahreszeit blühen, liegt seine Todesursache nach wie vor im Dunkeln.

In den letzten Jahrzehnten gab es dazu ganz unterschiedliche Meinungen. Während manche Ägyptologen behaupteten, er sei nach einem Sturz vom Streitwagen während der Jagd an mehreren Beinbrüchen oder einer Kopfverletzung gestorben, sprachen andere von Mord. Neueste Untersuchungen haben angeblich ergeben, dass der König an Malaria litt und davon geschwächt sehr jung starb. Vielleicht ergibt sich aber in ein paar Jahren schon wieder ein ganz anderes Ergebnis.

M 7 **Untersuchung der Mumie von Tutanchamun**
Zahi Hawass, prominenter ägyptischer Ägyptologe, bei der Analyse der Mumie von Tutanchamun. Zur Bestimmung seiner Todesursache ließ er am 6. Januar 2005 dessen Mumie computertomografisch untersuchen und anschließend über die Ergebnisse im selben Jahr neue Publikationen veröffentlichen.

Die ägyptische Gesellschaft

Der Pharao – Die Spitze der ägyptischen Gesellschaft

Auch heute sind Könige Oberhäupter in einigen europäischen Staaten. Auf wichtige politische Entscheidungen haben sie allerdings kaum Einfluss. Im Alten Ägypten war das anders. Der Legende nach erschuf der Sonnengott Re, der oberste ägyptische Gott, jeweils zusammen mit der Frau des regierenden Königs den Nachfolger, sodass jeder Pharao als Sohn des Sonnengottes galt und in dessen Namen regierte. Sowohl das gesamte Land als auch die Menschen und Tiere waren nach der Vorstellung der Ägypter sein direktes Eigentum. Er hatte die absolute Befehls- und Verfügungsgewalt. Das Amt des Pharaos wurde in der Regel vom Vater auf den Sohn vererbt. Das Wort „Pharao" selbst bedeutete ursprünglich „das große Haus", womit der Palast des Königs gemeint war, von dem aus das ganze Land verwaltet und regiert wurde. Fast alle Pharaonen aus der Jahrtausende dauernden altägyptischen Geschichte sind sogar namentlich bekannt. Über manche wissen wir aus schriftlichen und bildlichen Quellen Genaueres.

Die Helfer des Pharaos – Beamte und Priester

Der oberste Beamte, der Wesir, kann fast als Stellvertreter des Pharaos bezeichnet werden. Ihm unterstanden weitere Beamte mit eigenen

M 1 Tempel von Abu Simbel

Der Felsentempel wurde um 1200 v. Chr. erbaut. Die vier 20 m hohen Statuen stellen Pharao Ramses II. dar. Um das Versinken des Tempels im Bett des Assuan-Stausees zu verhindern, wurde er zwischen 1964 und 1968 stückweise abgetragen und 65 m oberhalb des Stausees wieder aufgebaut, heutiger Zustand.

Aufgabenbereichen, zum Beispiel Eintreiben und Verwalten der Steuern, Errichtung von Bauwerken oder Organisation der Vorratshaltung für Getreide.

Beamte waren auch für die Einhaltung von Gesetzen zuständig und als Richter tätig. Im Verhältnis zur Gesamtbevölkerung handelte es sich hier aber um eine sehr kleine Gruppe. Ägyptische Inschriften oder die oft prächtig ausgestatteten Gräber hoher Beamter zeigen, dass diese Männer angesehen, mächtig und wohlhabend waren.

Die Priester übernahmen die Aufgaben des Pharaos im religiösen Bereich. Als Mittler zwischen Menschen und Göttern hatten sie für die alten Ägypter eine wichtige Aufgabe. Auch sie waren reich und angesehen und konnten die Entscheidungen des Pharao beeinflussen.

Handwerker und Händler

Sowohl in den Dörfern als auch in den Städten gab es eine Vielzahl von Handwerkern. Diese produzierten die verschiedensten Güter wie zum Beispiel Stoffe, Backwaren oder Keramik. Es herrschte damals Tauschhandel. Das heißt: Es wurde nicht mit Geld bezahlt, sondern verschiedene Waren wurden direkt getauscht. Auch die Maler und Bildhauer, die die uns überlieferten Kunstwerke schufen, galten im Alten Ägypten als Handwerker.

Die Anzahl der Kaufleute war im Alten Ägypten gering. Aus dem Ausland wurden im Auftrag des Pharao in der Regel nur Rohstoffe eingeführt, die es im eigenen Land nicht gab. Dazu kamen noch einige Luxusgüter wie etwa Holz aus dem Libanon und Gewürze aus Asien.

Die Bauern

Die weitaus größte Bevölkerungsgruppe im Alten Ägypten waren die Bauern. Sie sicherten mit dem Anbau von Getreide die Grundlage für den Wohlstand der anderen Schichten sowie den Reichtum und die Macht des Pharaos. Dafür mussten sie trotz der Fruchtbarkeit des Niltals schwere körperliche Arbeit leisten. Zudem wurden sie während der Überschwemmungszeit, wenn auf den Feldern nicht gearbeitet werden konnte, auch zu anderen Arbeiten, wie Mithilfe bei der Errichtung von großen Bauwerken, herangezogen. Da alles Land dem Pharao gehörte, mussten sie einen Teil der Ernte als Steuern an den Staat abliefern und teils auch noch Abgaben an die Beamten oder an die Tempelpriester leisten. Da die Bauern weder lesen noch schreiben konnten, haben wir kaum Quellen, die ihr Leben aus ihrer eigenen Sicht schildern. Das meiste, was wir wissen, stammt aus Aufzeichnungen der Verwaltung.

Das Verhältnis von Mann und Frau

Zwar sind kaum weibliche Beamte überliefert, aber in der Familie des Pharaos konnten Frauen eine bedeutende politische Rolle spielen. In einer Ehe verfügte eine Frau frei über ihr Eigentum und hatte bei einer Scheidung Anspruch auf Unterhalt durch ihren Mann. Vor Gericht konnte sie sich selbst vertreten. Als „Herrin des Hauses" war sie in einer Ehe für die im Haushalt notwendigen Arbeiten zuständig, was vermutlich nicht als Zurücksetzung gegenüber dem Mann empfunden wurde.

M 2　**Ein hoher Beamter**
Sennefer und Senai mit ihrer Tochter, Skulptur aus Granit, um 1420 v. Chr. Sie steht heute im Ägyptischen Museum in Kairo.

Der Pharao – Herrscherdarstellungen untersuchen

M 3 **Sarg aus dem Grab des Pharaos Tutanchamun**
(Regierungszeit 1347–1337 v. Chr.).
Der Sarg aus Gold gilt als eines der wertvollsten ägyptischen Kunstwerke. Die zentralen Herrschaftszeichen eines Pharaos sind zu erkennen:

- Krummstab (Hirtenstab): Zeichen für die Anführerschaft,
- Geißel (Peitsche): Zeichen für die richterliche Gewalt und Macht,
- aufgebäumte Kobra, sogenannte Uräusschlange: Machtsymbol, auch Wappentier von Unterägypten,
- Geierkopf, genannt Nechbet: Wappentier von Oberägypten,
- künstlich umgebundener, sogenannter Ritualbart,
- gefaltetes Kopftuch, Nemes genannt.

M 4 **Statue der Pharaonin Hatschepsut**
(Regierungszeit 1490–1468 v. Chr.)
In seltenen Fällen kam es vor, dass Frauen, zum Beispiel für ihren minderjährigen Sohn, die Regierungsgewalt übernahmen.

Leben der Bauern – Arbeiten mit einer Bildquelle

M 5   **Bauern, Aufseher und Schreiber**
Grabmalerei aus Theben, um 1400 v. Chr.

Aufgaben

1. **Der Pharao – Herrscherdarstellungen**
   a) Vergleiche die Abbildungen der Pharaonen. Untersuche, inwieweit das Erscheinungsbild der Pharaonen jeweils vollständig ist.
   b) Erläutere die Vorstellungen über den Pharao, die in den Abbildungen deutlich werden.
   → Text, M1, M3, M4

2. **Leben der Bauern – Arbeiten mit einer Bildquelle**
   a) Beschreibe die einzelnen Szenen der Wandmalerei über die Landwirtschaft. Nenne die verschiedenen Gruppen, die auf dem Bild dargestellt sind.
   b) Arbeite heraus, inwieweit sich auf den Abbildungen aus den Gräbern Elemente einer hierarchischen Gesellschaft erkennen lassen.
   c) Nimm Stellung zur Auffassung: „Diese Grabmalerei ist eine wertvolle Quelle über das Leben der Bauern. Sie zeigt uns aber trotzdem nicht das gesamte Leben der Bauern."
   → Text, M5

M 1

M 2

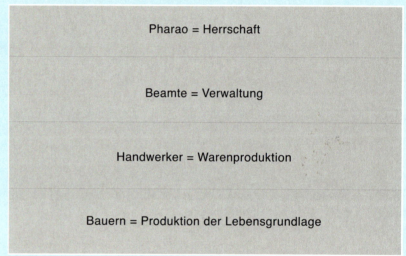

Pharao = Herrschaft

Beamte = Verwaltung

Handwerker = Warenproduktion

Bauern = Produktion der Lebensgrundlage

M 3

Schaubilder –
Ein Versuch, Zusammenhänge darzustellen

Um schwierige Zusammenhänge auf einen Blick darzustellen, werden oft Schaubilder verwendet. Diese enthalten zur Veranschaulichung Zeichnungen, Bilder, Symbole, Beschriftungen und verschiedene Farben. Zu beachten ist dabei, dass die Schaubilder in der Regel nicht von den Menschen der damaligen Zeit erstellt wurden. Sie geben also wieder, wie wir aus heutiger Sicht die Vergangenheit deuten und sind daher keine historischen Quellen.

Auch können Schaubilder zum gleichen Thema ganz unterschiedlich aussehen, je nachdem, welche Zusammenhänge und Sachverhalte wichtig erscheinen. Bei der Auswertung von Schaubildern ist unbedingt zu beachten, dass historische Zusammenhänge oft nur verallgemeinert wiedergegeben werden können. Außerdem entstehen verschiedene Zeichnungen zu einem Thema dadurch, dass man Personengruppen mit jeweils verschiedenem Vorwissen ansprechen will.

Schließlich ist nicht auszuschließen, dass der Verfasser des Schaubildes – aus welchen Gründen auch immer – die Zusammenhänge bewusst oder unbewusst unrichtig darstellt. Dies ist gefährlich, da damit ein falsches Bild der Vergangenheit entstehen kann.

Schaubilder müssen also immer kritisch danach beurteilt werden, ob sie mit unserem Kenntnisstand über die Vergangenheit übereinstimmen. Wenn sich dieser ändert, muss man auch die Zeichnung verändern.

Fragen an Schaubilder

1. Thema des Schaubildes
a) Benenne die Thematik des Schaubildes.
b) Formuliere für die Schaubilder passende Überschriften.

2. Typ des Schaubildes
a) Prüfe, ob eine Entwicklung oder ein Zustand dargestellt wird.
b) Erkläre die Bedeutung der Pyramidenform.

3. Ausgestaltung des Schaubildes
a) Vergleiche die Größenverhältnisse in den Schaubildern.
b) Erkläre die Ursachen für den unterschiedlich großen Platz, der jeweils für den Pharao vorgesehen ist.
c) Gib die Informationen wieder, die die Pfeile enthalten.

4. Aussagewert des Schaubildes
a) Arbeite die Informationen heraus, die in den Schaubildern jeweils über den Pharao enthalten sind.
b) Stelle die Informationen zusammen, die deiner Meinung nach fehlen.

5. Kritik des Schaubildes
a) Gib das deiner Meinung nach gelungenste Schaubild an. Begründe deine Meinung.
b) Erstelle ein eigenes Schaubild.

Hieroglyphen – „Heilige Eingrabungen"

Ein bedeutender Fund

Vor größten Schwierigkeiten beim Entziffern der ägyptischen Schriftzeichen standen Wissenschaftler vor rund 200 Jahren, als man in Europa begann, sich für die altägyptische Geschichte zu interessieren. Schon in der Antike war nämlich die Kenntnis über die Bedeutung und Funktionsweise dieser Schrift verloren gegangen. Niemand konnte also die vielen Inschriften in den Tempeln und Gräbern lesen. Vieles aus der ägyptischen Geschichte schien den Menschen verschlossen zu sein.

Ein einzigartiger Fund veränderte diese Situation allerdings vollständig. In der Ortschaft Rosette im Nildelta wurde um 1800 n. Chr. eine Steintafel gefunden, auf der der gleiche Text in drei verschiedenen Schriftarten eingraviert war: In der unbekannten Alltagsschrift der Ägypter, in Hieroglyphen und in der den Forschern bekannten altgriechischen Schrift. Der Stein wurde nach Europa gebracht, wo sich der französische Sprachwissenschaftler Jean François Champollion mit den Inschriften beschäftigte.

Die Entzifferung der ägyptischen Schriftzeichen

Schon länger war bekannt, dass die alten Ägypter den Namen des Pharao mit einem ovalen Rahmen, der sogenannten Kartusche, umgaben. Im altgriechischen Text wurde der Name des Pharao Ptolemäus genannt. Champollion konnte also nun den altägyptischen und altgriechischen Text an einer kleinen Stelle miteinander vergleichen. Davon ausgehend gelang dem Franzosen zwischen 1822 und 1841 die Entzifferung der altägyptischen Schrift, eine wissenschaftliche Meisterleistung. Erst ab diesem Zeitpunkt öffneten sich wirklich die Tore zur Erforschung der Zeit der Pharaonen.

Ägyptische Schreibwerkstatt

Das altägyptische Schriftsystem ist sehr kompliziert. Die Schriftzeichen wurden schon von den alten Griechen als Hieroglyphen, als „heilige Eingrabungen", bezeichnet. Dies kam daher, dass sich viele dieser Hieroglyphen in Stein eingemeißelt in den altägyptischen Tempeln finden. Die Schriftzeichen wurden aber auch mit Pinsel und Tinte auf Papyrusrollen geschrieben. Die ältesten dieser Zeichen stam-

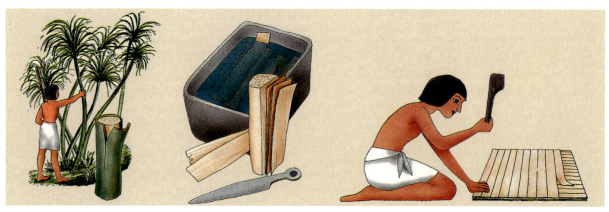

M 3 Ein Schreiber
Statue, um 1400 v. Chr.

men aus der Zeit um 3300 v. Chr. In seiner klassischen Form benutzte das Ägyptische etwa 700 verschiedene Schriftzeichen, allerdings sind die meisten Texte mit viel weniger Zeichen geschrieben.

Die Hieroglyphen

Die Hieroglyphen sind ursprünglich Bildzeichen. „Mann" wird mit einer kleinen Zeichnung eines Mannes, „Frau" mit der Abbildung einer Frau geschrieben. Noch im späten 4. Jahrtausend v. Chr. begann man aber aus den Bildzeichen einen bestimmten Lautwert zu bilden und dieses Zeichen immer dann zu schreiben, wenn dieser Laut in einem Wort auftrat. Das Wort für „Haus" zum Beispiel wurde mit dem Bildzeichen eines einfachen rechteckigen Hausgrundrisses geschrieben. Nun hat „Haus" im Ägyptischen die Konsonantenfolge p und r. Das hatte zur Folge, dass in allen Wörtern, in denen diese Konsonantenfolge p und r vorkam, das Zeichen des Hausgrundrisses verwendet werden konnte. Im Ägyptischen wurden im Übrigen nur Konsonanten geschrieben und keine Vokale, wie dies heute noch im Arabischen der Fall ist. Heute fügt man hilfsweise Selbstlaute ein. Für alle Konsonanten gibt es also ein bestimmtes Zeichen. Gleichzeitig wurde der Bildcharakter vieler Zeichen beibehalten und so schrieb man die Wörter zumeist in einer Mischung aus Laut- und Bildzeichen.

Daneben entwickelte sich eine Schreibschrift, die mit Binsenkiel und Tinte viel schneller zu schreiben war.

Hieroglyphe	Aussprache	Dargestelltes Objekt
	a (kurz)	ägyptischer Geier
	i (kurz) oder j	Blütenrispe des Schilfrohrs
	a (lang)	Vorderarm
	u (kurz oder lang) oder w	Wachtelküken
	b	Fuß (mit Unterschenkel)
	p	Sitz, Untersatz
	f	Hornviper
	m	Eule
	n	Wasserlinie
	r	Mund
	h	Hof, Gehege
	scharf gehauchtes h	gewundener Flachs, Docht
	dsch	Kobra

Hieroglyphe	Aussprache	Dargestelltes Objekt
	wie ch in „ach"	Placenta? (oder: Korb von oben gesehen?)
	wie ch in „ich"	Tierbauch mit Zitzen und Schwanz
	stimmhaftes s wie in „so"	Riegel
	stimmloses s wie in „das"	gefaltetes Stück Stoff
	wie sch in „schon"	Teich
	wie arabisch q	Hügel
	k	Korb mit Henkel
	g	Kruguntersatz
	t	Brotlaib
	tsch	Stück Schnur zum Festbinden von Tieren
	d	Hand

Deutzeichen: 🏃 Mann 👤 Frau

⬭ Ring, in den der Name des Königs eingeschrieben wird (Kartusche)

M 4 Ein „Hieroglyphen-Alphabet"

Aufgaben

1. Hieroglyphenschrift

a) Suche eine Erklärung für die Entstehung der Hieroglyphen für n und r.

b) Schreibe folgende Wörter mit Hieroglyphen: Amun-Re und Tutanchamun.
Achte dabei auf die im Darstellungsteil beschriebenen Möglichkeiten.

c) Schreibe deinen eigenen Namen mithilfe von Hieroglyphen.

d) Stellt eine „hieroglyphische" Namensliste der Klasse zusammen.

→ Text, M4

M 1 **Pyramide von Sakkara**
Etwa 100 Jahre vor den Pyramiden von Gise entstand dieses Bauwerk für den Pharao Djoser. Es gilt als die älteste Pyramide Ägyptens, heutiger Zustand.

Das Weltwunder der Pyramiden

Ägypten – Das Land der Pyramiden

Viele Menschen verbinden heute mit dem Alten Ägypten die Pyramiden. Dies ist allerdings nicht neu. Schon in der Antike galten die Pyramiden als eines der sieben damals bekannten Weltwunder. Gemeint waren die drei Pyramiden der Pharaonen Cheops, Chefren und Mykerinos, die sich in Gise in der Nähe von Kairo, der heutigen Hauptstadt Ägyptens, befinden. Das größte dieser Bauwerke – die Cheopspyramide – entstand etwa um 2600 v. Chr. und ist bis heute eines der größten von Menschen errichteten Steinbauwerke.

Warum wurden diese Bauwerke errichtet? Wie kam es zu der erstaunlichen Pyramidenform? Wie konnten sie ohne die technischen Hilfsmittel der heutigen Zeit errichtet werden? Was befindet sich in den Pyramiden? Auf manche dieser Fragen können die Geschichtswissenschaftler und Archäologen heute eine wissenschaftlich gesicherte Antwort geben. Teilweise sind sie aber auf Vermutungen angewiesen.

Die Pyramiden von Gise in der Nähe von Kairo sind keineswegs die einzigen solcher Bauwerke in Ägypten. Vor und nach ihnen sind zu verschiedenen Zeiten eine Vielzahl weiterer Pyramiden entweder aus Stein oder aus Lehmziegeln errichtet worden. Die meisten von ihnen waren aber viel kleiner als die Pyramiden von Gise.

Pyramiden – Gewaltige Gräber

Die Pyramiden waren vor allem Gräber für die Pharaonen. Ursprünglich wurden diese, wie die übrigen Ägypter auch, in einer Grube im Wüstenboden bestattet, über die man zur Markierung des Grabes einen Haufen Sand aufschüttete, der von Ziegelmauern eingefasst war. Daraus entstand ein zunächst rechteckiger massiver Graboberbau aus Ziegeln, der mehrere Meter hoch sein konnte. Um die Grabanlagen der Pharaonen noch großartiger zu gestalten, schichtete man seit etwa 2700 v. Chr. zunächst mehrere solcher Bauten – nun auf quadratischem Grundriss und aus Kalksteinblöcken bestehend – auf. Es entstand so die erste Stufen-Pyramide. Einige Jahrzehnte später wurde dann die erste echte Pyramide mit allseitig glatten Oberflächen errichtet.

Neben den gewaltigen Bauwerken der Könige befanden sich kleinere Pyramiden für deren Angehörige sowie für hochgestellte Persönlichkeiten. Zudem errichteten dort die Ägypter auch Tempel zur Verehrung der verstorbenen göttlichen Pharaonen.

Die Cheopspyramide

Die Pyramide des Pharaos Cheops gehört zu den größten jemals erbauten Pyramiden. Ihre Grundfläche besteht aus einem Quadrat mit einer Seitenlänge von 227,5 Metern – das entspricht mehr als sieben Fußballfeldern. Ihre ursprüngliche Höhe betrug 146 Meter.

Für dieses Bauwerk wurden über zwei Millionen Kalksteinblöcke mit einem durchschnittlichen Gewicht von 2,5 t – dem Gewicht von drei Kleinwagen – benötigt. Diese wurden größtenteils in Steinbrüchen vor Ort abgebaut, teils aber auch von weiter entfernt liegenden Stellen mit Schiffen zur Baustelle gebracht, wo sie eingepasst werden sollten. Da die Ägypter zu dieser Zeit das Rad noch nicht kannten, war der

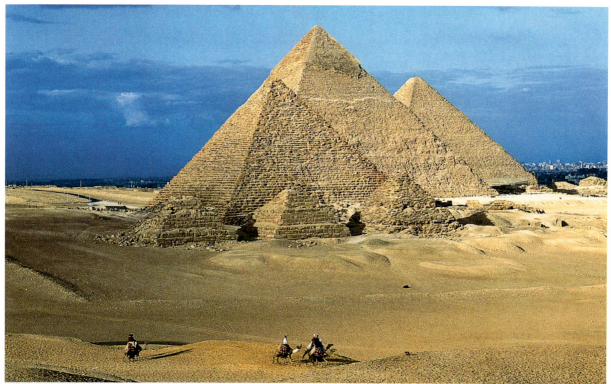

M 2 **Die Pyramiden von Gise**

Rechts die Pyramide des Pharao Cheops, links daneben die seines Sohnes Chefren und links davor die seines Enkels Mykerinos. Die Cheopspyramide ist die höchste, wirkt jedoch kleiner im Bild, da sie sich im Hintergrund befindet, heutiger Zustand.

Transport außerordentlich beschwerlich. Erst an Ort und Stelle wurden die Blöcke wohl mit Werkzeugen aus Kupfer – Eisen war nicht bekannt – und sehr hartem Dioritstein so exakt behauen, dass sie ohne Mörtel fugenlos seit 4500 Jahren bis heute zusammenhalten. Über die genauen Abläufe beim Bau der Pyramide können wir allerdings nur Vermutungen anstellen, da uns entsprechende Quellen fehlen. Noch heute ist an einigen Stellen der Außenfassade zu erkennen, dass die Pyramide ursprünglich mit weißen polierten Kalksteinplatten abgedeckt war. In der gleißenden ägyptischen Sonne muss das Bauwerk also sonnengleich gestrahlt haben.

Zweifellos stellt der Bau der Cheopspyramide eine außerordentliche Leistung dar. Es waren nicht nur technische, sondern auch organisatorische Probleme zu lösen. So musste eine große Zahl von Menschen Tag für Tag nach einem festgelegten Plan arbeiten und mit Baumaterial sowie Lebensmitteln versorgt werden.

Schutz vor Räubern

Dieser ungeheure Aufwand diente dem Zweck, dem toten Pharao eine würdige Stätte zu errichten. Mehrere Kammern und Schächte im Inneren der Pyramide zeugen von dieser Absicht, wobei der Sinn einiger Gänge bis heute nur vermutet werden kann. Die alten Ägypter verschlossen alle Gänge und Kammern sorgfältig mithilfe von Steinplatten, um die Schätze, die zusammen mit dem Pharao hier begraben wurden, vor Räubern zu sichern. Gelungen ist ihnen das allerdings nicht. Schon seit langem ist die Pyramide bis auf einen Sarkophag leer. Die Mumie des Pharaos Cheops wurde nicht gefunden.

Die Pyramiden – Arbeiten mit Bildern

M 3 Eine Pyramide aus Nilschlamm

Diese Pyramide wurde für den Pharao Amenemhet III. errichtet, der von etwa 1842 bis 1797 v. Chr. regierte, heutiger Zustand.

M 4 Bau einer Pyramide

Über den konkreten Bauvorgang der Pyramiden gibt es keine Quellen. Heutige Forscher sehen grundsätzlich zwei Möglichkeiten:

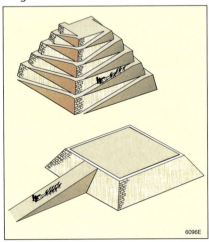

6096E

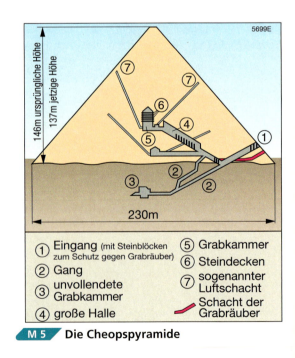

5699E

146m ursprüngliche Höhe
137m jetzige Höhe

230m

① Eingang (mit Steinblöcken zum Schutz gegen Grabräuber)
② Gang
③ unvollendete Grabkammer
④ große Halle
⑤ Grabkammer
⑥ Steindecken
⑦ sogenannter Luftschacht
Schacht der Grabräuber

M 5 Die Cheopspyramide

Die Pyramiden – Ein Interview auswerten

M 6 **Der Bau der Pyramiden**

Aus einem Interview mit dem deutschen Ägyptologen Rainer Stadelmann:

Warum [...] haben die Ägypter Pyramiden gebaut?
[...] Die Pyramide [...] ist die Wohnung des Königs, der nun Totenherrscher für alle wird. Der tote
5 Gott geht nicht mehr fort, sondern herrscht in einer für alle sichtbaren Pyramide, dem Sinnbild einer künftigen neuen Welt. [...]

War [die] Oberschicht auch für die Organisation
10 **der Bauarbeiten zuständig?**
Solch ein Bauwerk konnte nur von gut trainierten und hoch angesehenen Spezialisten erstellt werden, keineswegs etwa von Sklaven [...].
Ist ihnen nicht aufgefallen, dass sie überhaupt kei-
15 ne Darstellungen [...] über den Pyramidenbau finden? [...]
[Der Pyramidenbau] war für die Ägypter ein Gottesdienst.

20 **Wie viele Menschen haben mit dem Bau [einer**
Pyramide] zu tun gehabt?
Rund 25 000 – etwa ein Prozent der damaligen ägyptischen Bevölkerung [...]. Mit dem Bau selbst waren 15 000 Mann beschäftigt – und zwar jeweils
25 zu einem Drittel direkt auf der Baustelle und in den Steinbrüchen von Gise und Mokazam. Wobei sich 1 000 Mann ausschließlich um [die Werkzeuge] gekümmert haben. Für die Transporte [der Steinblöcke] waren weitere 5 000 Mann zuständig.

Zwar wurden die meisten Steine von Ochsen her- 30 bei- und heraufgeschleppt, aber manche auch von Menschen. Wir haben nachgewiesen, dass 18 Mann einen solchen Steinklotz eine Böschung mit zwölf Prozent Steigung hochbringen können. Und noch einmal rund 5 000 Leuten – etwa Bäckern 35 und Köchen – oblag die Versorgung.

Wie lange dauerte der Bau?
Immerhin gibt es ein paar Daten, aus denen Rückschlüsse erlaubt sind. Danach würde ich sagen, 40 etwa 30 Jahre – samt aller Kultgebäude, die bei späteren Pyramiden immer mehr an Wichtigkeit gewannen.

Und dorthin pilgerten die frommen Ägypter? 45
Ja, aber [es] wohnten auch Hunderte von Menschen direkt bei den Pyramiden – als Totenpriester, die Opferhandlungen zu verrichten hatten, als Nachtwächter, als Reparaturhandwerker.
Während im Umfeld der Cheops-Pyramide noch 50 kein einziges Vorratslager zu finden ist – alle für den Kult in den Totentempeln erforderlichen Dinge sind täglich angeliefert worden –, entstanden bei späteren Pyramiden große Magazine für die Versorgung der Kultbediensteten. 55
Es entwickelte sich ein riesiger Apparat für die Jenseitsversorgung: für die Logistik, die Verwaltung der königlichen Stiftungen und so weiter. Und allmählich wuchsen ganze Pyramidenstädte heran, mit eigener Landwirtschaft, eigenen Ein- 60 künften.

Geo Epoche, Das Reich der Pharaonen, Hamburg 2000, S. 62 ff.

Aufgaben

1. **Die Pyramiden – Arbeiten mit Bildern**
   a) Beschreibe die beiden Möglichkeiten der Errichtung einer Pyramide.
   b) Prüfe die Vor- und Nachteile der beiden Möglichkeiten des Pyramidenbaus.
   c) Die Ägypter haben versucht, die Grabkammer des Pharaos zu schützen. Erläutere dies anhand der Skizze.
   → M4, M5
   d) Vergleiche den heutigen Zustand der verschiedenen Pyramiden. Erläutere mögliche

   Gründe für das jeweilige Aussehen.
   → M1–M5
2. **Die Pyramiden – Ein Interview auswerten**
   a) Fasse die Ausführungen von Rainer Stadelmann mit eigenen Worten zusammen.
   b) Informiere dich über Rainer Stadelmann und seine wissenschaftlichen Leistungen.
   c) Entwickle eigene Fragen und Antworten zur Geschichte der ägyptischen Pyramiden und gestalte mit einem Partner ein Interview.
   → M6

Der Glaube der alten Ägypter

Die ägyptischen Götter

Darstellungen der ägyptischen Götter sind als große Statuen oder auch als Wandmalereien in den Gräbern der alten Ägypter erhalten geblieben. Dabei fällt auf, dass auf menschlichen Körpern häufig Tierköpfe sitzen. So hat Thot, der Gott der Schreiber, einen Vogelkopf, während der Totengott Anubis den Kopf eines Schakals trägt. Die Ägypter stellten ihre Götter als Mischwesen zwischen Mensch und Tier dar, weil sie damit ihre Göttlichkeit besonders betonen wollten.

Mithilfe der verschiedenen Erzählungen über die Götter – den sogenannten Mythen – versuchten die Ägypter, die sie umgebende Welt sowie ihr eigenes Leben zu erklären. Wegen der Vielzahl der Gottheiten wird der altägyptische Glaube heute als polytheistische Religion bezeichnet (griech. poly = viel; Theismus = Gottesglaube). Der Polytheismus ist für viele frühe Hochkulturen typisch. Auch heute ist noch eine der großen Weltreligionen, nämlich der in Indien vorherrschende Hinduismus, polytheistisch.

Osiris und die Unterwelt

Eine wichtige Gottheit war Osiris, der als Herrscher über die Unterwelt oft mit den gleichen Herrschaftszeichen wie der Pharao dargestellt wurde. Osiris stammte vom Sonnengott Re ab und regierte zusammen mit seiner Gattin und Schwester Isis Ägypten, wobei er den Menschen auch die Kenntnis der Landwirtschaft brachte. Aus Neid ermordete ihn sein Bruder Seth, zerstückelte ihn und warf die einzelnen Teile in den Nil. Isis suchte diese, setzte sie wieder zusammen, erweckte Osiris zum Leben und empfing von ihm den falkenköpfigen Gott Horus. Dieser trat die Nachfolge seines Vaters an, während Osiris zum Herrscher des Totenreiches wurde. Der lebende Pharao wurde nun mit Horus, der tote mit Osiris gleichgesetzt.

M 1 Der Totengott Anubis bei einer Mumifizierung
um 1250 v. Chr.

M 2 **Eine Mumie**

Der Pharao Ramses II. starb 1213 v. Chr. Seine Leiche wurde durch Austrocknung und Einbalsamierung dauerhaft haltbar gemacht, heutiger Zustand.

Die Vorstellung vom Jenseits

Die Ägypter gingen davon aus, dass die Seele nach dem Tod des Körpers weiterlebte. Sie glaubten, dass sich die Seele vom Leichnam zunächst entfernen würde und im Westen, also in der Region des Sonnenuntergangs, das Totengericht bestehen müsste. Ging diese Prüfung positiv aus, so kehrte nach ägyptischer Vorstellung die Seele während des Tages in den toten Körper zurück, in der Nacht durchquerte sie dagegen auf der Barke des Re die Unterwelt. Die sogenannten Totenbücher stellen solche Totengerichte dar.

Die Angehörigen mussten dafür sorgen, dass der Körper möglichst gut erhalten blieb, damit die Seele in ihn zurückkehren konnte. Die Ägypter entwickelten daher die Kunst der Mumifizierung.

Die Mumifizierung der Toten

In einem komplizierten Verfahren, das bis zu 70 Tage dauern konnte, wurden dem Leichnam zunächst die Eingeweide und das Gehirn entnommen. Der Körper wurde dann mit unterschiedlichen Flüssigkeiten behandelt und schließlich – wie Osiris – in Binden eingewickelt.

Dem Toten sollte in seinem Grab nichts fehlen, was er in seinem vorherigen Leben hatte. So fanden sich in Gräbern Gegenstände des täglichen Lebens, aber auch Reste von Lebensmitteln und Getränken. Je höher der Rang des Verstorbenen war, desto prunkvoller war diese Ausstattung. Da Statuen und Wandmalereien nach der Vorstellung der Ägypter die gleiche Funktion wie die realen Gegenstände erfüllten, wurden die Gräber reichhaltig ausgestattet.

Die Darstellungen in Gräbern sind also äußerst wichtige Quellen für das Alltagsleben im alten Ägypten. Allerdings konnten sich nur sehr reiche Ägypter eine aufwendige Mumifizierung sowie ein prunkvolles Grab leisten. Die meisten Menschen wurden in einfachen Grabschächten in der Wüste bestattet.

M 3 **Mundöffnung**

Mit dem Mundöffnungsritual begann nach der Vorstellung der Ägypter die Wiedererweckung der Verstorbenen. Priester in weißen Schürzen stellen Horus dar. Sie benetzen die Lippen der Mumie mit Wasser. Anubis richtete die Mumie auf, sodass der Mund geöffnet werden konnte. Es sollte dem Toten ermöglicht werden, zu essen, zu trinken und zu sprechen, Papyrus von 1290 v. Chr.

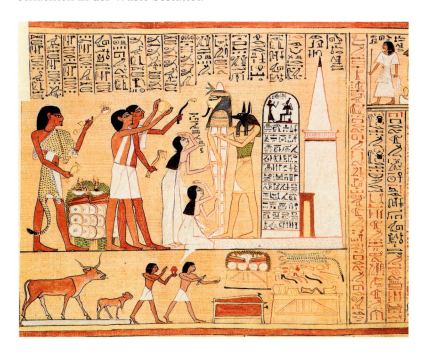

Das Totengericht – Eine Bildquelle auswerten

Szene 1

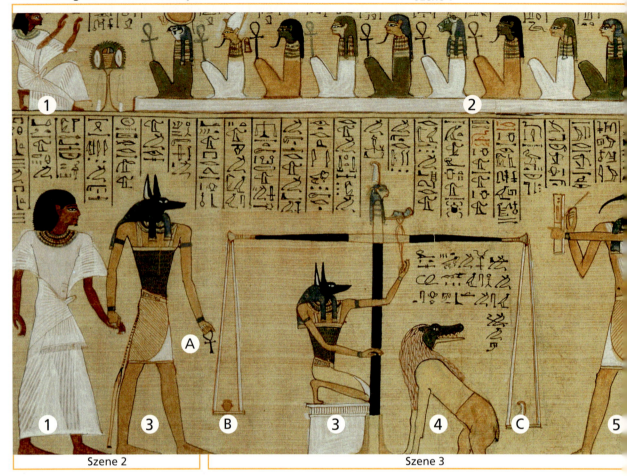

Szene 2

Szene 3

M 4   **Das Totengericht des Schreibers Hunefer**
In den Totenbüchern der Ägypter kann man erfahren, wie sich die Ägypter den Weg ins Jenseits vorgestellt haben. Dieses Bild aus dem Grab des königlichen Schreibers Hunefer, das man wie einen Comic „lesen" kann, stellt das Totengericht dar. Es zeigt insgesamt vier große Szenen.
Die Ziffern und Buchstaben geben Auskunft darüber, um welche Personen oder Gegenstände es sich handelt.

① = Hunefer, königlicher Schreiber unter Pharao Sethos I.	⑧ = Isis und Nephthys, Schwestern des Osiris
② = 14 Gottheiten	Ⓐ = Anch (Henkelkreuz; Zeichen des Lebens)
③ = Anubis, der Totengott	
④ = Ammit, Fresserin der Sünder	Ⓑ = Gefäß mit Hunefers Herz
⑤ = Thot, der Schreibergott	Ⓒ = Feder der Maat; Maat ist die Göttin der Gerechtigkeit
⑥ = Horus, Sohn des Osiris	
⑦ = Osiris, der Herrscher des Jenseits	

Szene 4

M 5   Ein Toter spricht

In den Totenbüchern finden sich auch Sprüche zu den einzelnen abgebildeten Ereignissen. Im Grab des Schreibers Hunefer wurde folgendes Papyrus gefunden:

Ich habe kein Unrecht gegen Menschen begangen, und ich habe keine Tiere misshandelt. Ich habe nichts Krummes an Stelle von Recht getan.

[…] Ich habe keinen Gott beleidigt. Ich habe kein Waisenkind an seinem Eigentum geschädigt. Ich 5 habe nicht getan, was die Götter verabscheuen. Ich habe keinen Diener bei seinem Vorgesetzten verleumdet. Ich habe nicht Schmerz zugefügt und [niemand] hungern lassen. Ich habe keine Tränen verursacht. Ich habe nicht getötet, und ich habe 10 nicht zu töten befohlen.

E. Hornung, Das Totenbuch der Ägypter, Zürich 1990.

Aufgaben

1. Das Totengericht – Eine Bildquelle auswerten
a) Beschreibe die Szenen des Totengerichts.
b) Der Spruch bezieht sich auf die erste Szene im Bild. Fasse den Inhalt des Spruches zusammen und erläutere die Absicht, die Hunefer damit verfolgte.
c) Erläutere das Ergebnis des Totengerichts.
d) Suche in Lexika weitere Informationen zu den dargestellten Gottheiten. Verfasse zu drei Gottheiten einen „Göttersteckbrief".
e) Arbeite die Jenseitsvorstellungen der Ägypter heraus, die im Bild deutlich werden.
f) Vergleiche die Jenseitsvorstellungen der Ägypter mit den christlichen Vorstellungen vom Leben nach dem Tod.
→ M4, M5, Lexikon, Internet

Das Judentum – Ein monotheistischer Glaube

Die Bibel als Geschichtsquelle

Heute gilt die Bibel als eines der meistgelesenen Bücher der Welt. Die Geschichten des älteren Teils der Bibel, des Alten Testaments, handeln von einem kleinen Hirtenvolk – den Juden.

Im Alten Testament wird berichtet, wie die Hebräer – aus denen sich später das jüdische Volk entwickelte – unter der Führung ihres Stammvaters Abraham aus dem Land zwischen den Flüssen Euphrat und Tigris auszogen und sich in dem fruchtbaren Landstrich zwischen Mittelmeerküste und dem Fluss Jordan, dem Land Kanaan oder Palästina, ansiedelten. Eine Hungersnot zwang Jakob und seine Söhne, Nachkommen des Abraham, nach Ägypten auszuwandern. Dort führten sie das Leben von Sklaven. Später gelang es den Hebräern unter der Führung von Moses, aus Ägypten zu flüchten und sich wieder in Palästina niederzulassen. Es entstand das Königreich Israel mit seiner Hauptstadt Jerusalem, das unter den Königen David und Salomo seine Glanzzeit erlebte.

Als Geschichtsquelle ist die Bibel nicht immer zuverlässig. Das Alte Testament ist nämlich in einem sehr komplizierten Prozess entstanden. Die ältesten Teile wurden zunächst mündlich überliefert und bis zum 6. Jahrhundert v. Chr. niedergeschrieben, später aber noch mehrfach verändert. Viele der biblischen Erzählungen enthalten einen historischen Kern. Aus verschiedenen Quellen lassen sich wichtige Stationen der jüdischen Geschichte erschließen:

- Der Zug von hebräischen Stämmen nach Ägypten fand in der Zeit zwischen 1800 v. Chr. und 1250 v. Chr. statt.
- Die Flucht einiger Hebräer aus Ägypten um 1230 v. Chr. und die Entstehung eines Königreiches Israel sind historisch belegt.
- Nach der Niederlage im Jahr 587 v. Chr. gegen den babylonischen

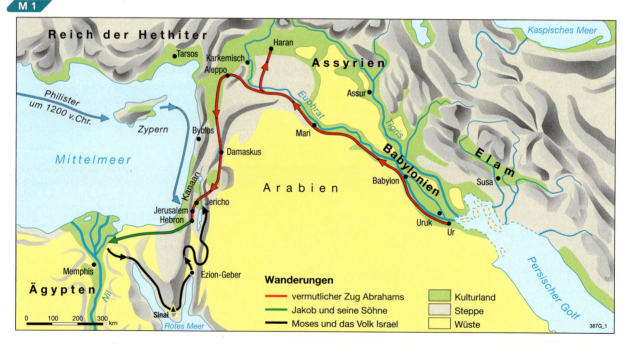

M 1

Wanderungen
- vermutlicher Zug Abrahams
- Jakob und seine Söhne
- Moses und das Volk Israel

Kulturland
Steppe
Wüste

M 2 **Thora-Rolle**

Ein jüdischer Junge liest aus dem Buch Gottes (Thora) in einer Synagoge, einem jüdischen Gotteshaus.

Herrscher Nebukadnezar II. wurden die Juden gezwungen, etwa 50 Jahre fern ihrer Heimat in Babylon – im sogenannten Babylonischen Exil – zu leben.

In dieser Verbannung entwickelten die Juden zwar ein tiefes Bewusstsein ihrer Zusammengehörigkeit, ein selbstständiger Staat konnte jedoch nicht mehr errichtet werden. Das Siedlungsgebiet der Juden war in der Folge immer Teil eines Großreiches.

Ein Aufstand gegen die römische Herrschaft führte im Jahr 70 n. Chr. zur Zerstörung des Tempels in Jerusalem, der im ersten Jahrhundert v. Chr. errichtet worden war. Dessen Reste blieben bis heute als sogenannte Klagemauer erhalten, die den Juden als heiliger Ort gilt. Sechzig Jahre später – nach einem zweiten gescheiterten Aufstand – wurden viele Juden in die Sklaverei verkauft und ihnen wurde der Zutritt zur Stadt Jerusalem verwehrt.

Der Glaube an einen Gott als Zentrum der jüdischen Religion

Die Glaubensinhalte sowie religiöse Feste und Gebräuche des Judentums gehen auf das Alte Testament zurück. Die wichtigsten Teile sind für Juden die fünf Bücher Moses – die Thora. Jahwe, der Gott des Alten Testaments, ist demnach der Erschaffer der Welt, der einen Bund mit dem Volk Israel geschlossen hat.

Das Leben ist nicht nur durch die Zehn Gebote, sondern durch eine Vielzahl von Geboten und Verboten geregelt. Jahwe schützt und hilft, wenn die Regeln befolgt, und er bestraft, wenn sie nicht befolgt werden. Wichtig ist also, dass sich die Menschen aktiv diesem einen Gott zuwenden müssen. Die Verehrung der anderen Götter ist ihnen ausdrücklich verboten. Damit handelt es sich bei dem Glauben der Juden um eine sogenannte monotheistische Religion.

Wegen dieses Bundes mit Jahwe können sich die Juden als „auserwähltes" Volk fühlen. Zentrales Zeichen für die Hinwendung dieses Gottes zu den Juden ist sein Versprechen, sie in „Eretz Israel", im „gelobten Land" anzusiedeln.

Die Bedeutung der jüdischen Religion

Die Überzeugung, ein herausgehobenes Verhältnis zu Gott zu haben, machte es den Juden möglich, nach ihrer Vertreibung und ihrer Zerstreuung über die ganze Welt, wofür der Begriff „Diaspora" verwendet wird, ihren Glauben zu erhalten. Aber auch die feste Regelung des täglichen Lebens und das Bewusstsein, in einer alten Tradition zu stehen, stärkte das Gefühl der Zusammengehörigkeit.

Unverschuldet wurden die Juden immer wieder als religiöse Minderheit unterdrückt. Auch dies hielt die Sehnsucht der Juden nach einer Rückkehr in ihr altes Heimatland aufrecht. Erst 1948 – nach dem Holocaust und einem UNO-Beschluss – entstand in Palästina wieder ein jüdischer Staat: Israel. Dies führte allerdings zu schweren Konflikten mit der dortigen arabischen Bevölkerung.

Der Einfluss der jüdischen Religion geht über das eigentliche Judentum weit hinaus. Das Christentum beruft sich auch auf das Alte Testament. Jesus war selbst Jude und wirkte in Palästina. Jerusalem wurde so als Ort seines Sterbens zur heiligen Stadt aller Christen. Auch der Islam besitzt in Jerusalem wichtige Heiligtümer.

Das Alte Testament

M 3 Die 10 Gebote

In der Bibel sind die Grundlagen des Glaubens niedergelegt:

Dann sprach Gott alle diese Worte: Ich bin Jahwe, dein Gott, der dich aus Ägypten geführt hat; aus dem Sklavenhaus. Du sollst neben mir keine anderen Götter haben. Du sollst dir kein Gottesbild
5 machen und keine Darstellung von irgend etwas am Himmel droben, auf der Erde unten oder im Wasser unter der Erde. Du sollst dich nicht vor anderen Göttern niederwerfen und dich nicht verpflichten, ihnen zu dienen. Denn ich, der Herr,
10 dein Gott, bin ein eifersüchtiger Gott: Bei denen, die mir feind sind, verfolge ich die Schuld der Väter an den Söhnen an der dritten und vierten Generation; bei denen, die mich lieben und auf meine Gebote achten, erweise ich Tausenden mei-
15 ne Huld.
Du sollst den Namen des Herren, deines Gottes, nicht missbrauchen; denn der Herr lässt den nicht ungestraft, der seinen Namen missbraucht.
Gedenke des Sabbats: Halte ihn heilig!
20 Sechs Tage darfst du schaffen und jede Arbeit tun. Der siebte Tag ist ein Ruhetag, dem Herrn, deinem Gott, geweiht. An ihm darfst du keine Arbeit tun; du, dein Sohn und deine Tochter, dein Sklave und deine Sklavin, dein Vieh und der Fremde, der in
25 deinen Stadtbereichen Wohnrecht hat. Denn in sechs Tagen hat der Herr Himmel, Erde und Meer gemacht und alles, was dazugehört; am siebten Tag ruhte er. Darum hat der Herr den Sabbattag gesegnet und ihn für heilig erklärt.
30 Ehre deinen Vater und deine Mutter, damit du lange lebst in dem Land, das der Herr, dein Gott, dir gibt.
Du sollst nicht morden.
Du sollst nicht die Ehe brechen.
35 Du sollst nicht stehlen.
Du sollst nicht falsch gegen deinen Nächsten aussagen.
Du sollst nicht nach dem Haus deines Nächsten verlangen. Du sollst nicht nach der Frau deines
40 Nächsten verlangen, nach seinem Sklaven oder seiner Sklavin, seinem Rind oder seinem Esel oder irgend etwas, das deinem Nächsten gehört.

2. Mose 20, 1–17.

M 4 Ein Wunder …

In der Bibel findet sich folgende Stelle:

Damals sang Mose mit den Israeliten dem Herrn dieses Lied; sie sagten: Ich singe dem Herrn ein Lied, denn er ist hoch und erhaben. Rosse und Wagen warf er ins Meer.
Meine Stärke und mein Lied ist der Herr, er ist für 5 mich zum Retter geworden. Er ist mein Gott, ihn will ich preisen, den Gott meines Vaters will ich rühmen.
Der Herr ist ein Krieger, Jahwe ist sein Name, Pharaos Wagen und seine Streitmacht warf er ins 10 Meer. Seine besten Kämpfer versanken im Schilfmeer.
Fluten deckten sie zu, sie sanken in die Tiefe wie Steine. […] Singt dem Herrn ein Lied, denn er ist hoch und erhaben! Rosse und Wagen warf er ins 15 Meer.

2. Mose, 15.

M 5 … aus wissenschaftlicher Sicht

Der Historiker Manfred Clauss deutet die Stelle aus geschichtswissenschaftlicher Sicht so:

Diese Flucht aufsässiger nomadischer Fronarbeiter wurde dadurch zum Ereignis, dass sie gelang und dass die Errettung vor den ägyptischen Verfolgern so unerwartet kam. Denn normalerweise hätte es keine Chance gegen die ägyptischen Streitwagen 5 gegeben, die nicht nur schneller waren als die wandernden Nomaden, sondern ihnen durch die Ausrüstung militärisch weit überlegen.
Dies alles vermochte jeder Hebräer, der die Geschichte hörte, bis in die Anfangsjahre der 10 Königszeit problemlos nachzuvollziehen, da man es immer und immer wieder erlebte. Gerade dadurch konnte die Errettung der aus Ägypten Geflohenen nicht nur für die unmittelbaren Zeitgenossen, sondern auch für die Generationen 15 nach ihnen als Wunder empfunden und immer wieder nachempfunden werden. […]
Heute werden zwar rationale Erklärungen für dieses Wunder gesucht, die ja durchaus denkbar sind, aber damals gab es nur die eine für den Vor- 20 fall, der allen Erwartungen widersprach. Der Schutzgott der Nomaden hatte sie gerettet.

M. Clauss, Geschichte Israels. Von der Frühzeit bis zur Zerstörung Jerusalems (587 v. Chr.), München 2003, S. 29 f.

Die Stadt Jerusalem

M 6 **Die Stadt Jerusalem – heilige Stadt für Juden, Christen und Muslime**

Das Bild zeigt die Altstadt von Jerusalem.

① Der 692 n. Chr. vollendete achteckige **Felsendom** mit seiner Goldkuppel steht an der Stelle des alten jüdischen Tempels: Von hier soll der Prophet Mohammed in den Himmel aufgestiegen sein.

② Am Rande eines freien Platzes befindet sich die **Klagemauer.** Sie ist ein Rest des großen jüdischen Tempels, den König Herodes im 1. vorchristlichen Jahrhundert errichtet hatte. Die Mauer ist für alle Juden eine Stätte des Gebets und der Klage über den Untergang des Tempels im Jahre 70 n. Chr.

③ Die **Grabeskirche** wurde über dem Grab Jesu errichtet und ist eine wichtige heilige Stätte der Christenheit.

Aufgaben

1. Das Alte Testament

a) Nenne die Eigenschaften Gottes, die in den Ausschnitten aus dem Alten Testament deutlich werden.

b) Stelle die Zehn Gebote zusammen und informiere dich über die Verkündung der Zehn Gebote.

c) Nenne das Wunder, von dem die Bibel berichtet.

d) Erläutere, ob das Ereignis für den Historiker Manfred Clauss auch ein Wunder war.

e) Arbeite die Unterschiede zu den religiösen Vorstellungen der alten Ägypter heraus.

→ Text, M3–M5

2. Die Stadt Jerusalem

a) Erkläre die Bedeutung Jerusalems für die drei Weltreligionen Judentum, Christentum und Islam.

b) Nimm Stellung zur Aussage: „Die räumliche Nähe der drei heiligen Stätten in Jerusalem eröffnet Chancen für das Zusammenleben, ist aber zugleich mit Risiken verbunden."

→ M6

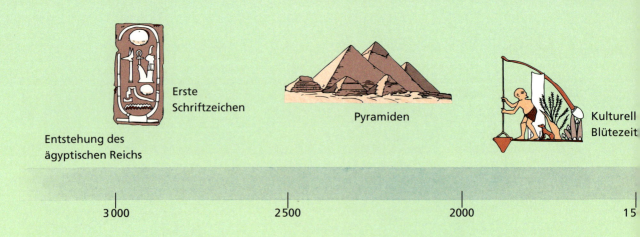

Entstehung des
ägyptischen Reichs

Erste
Schriftzeichen

Pyramiden

Kulturell
Blütezeit

3 000   2 500   2 000   15

Zusammenfassung

Seit dem 4. Jahrtausend v. Chr. wurde die Flussoase des Nil besiedelt. Die regelmäßig wiederkehrenden Überschwemmungen bestimmten das Zusammenleben der Menschen im Alten Ägypten. Astronomische Beobachtungen waren die Grundlage des ägyptischen Kalenders. Mithilfe der Geometrie konnte das Land vermessen werden. Die Hieroglyphenschrift und die Herstellung von Papyrus ermöglichten Aufzeichnungen verschiedenster Art.

Im Alten Ägypten bildete sich eine hierarchische Gesellschaft heraus. An der Spitze stand der Pharao, der nicht nur als unumschränkter Herrscher, sondern auch als Gott galt. Beamte und Priester sowie Handwerker und Bauern bildeten verschiedene soziale Gruppen.

Der Glaube im Alten Ägypten kannte eine Vielzahl verschiedener Götter, war also polytheistisch. Er beruhte auf der Vorstellung von einem Weiterleben nach dem Tod. Die Pyramiden waren prächtige Grabanlagen für die Pharaonen.

Das Alte Ägypten ist allerdings nur ein Beispiel für eine frühe Hochkultur. Auch in anderen Teilen der Welt gab es damals ähnliche Entwicklungen. Andere Gebiete, zum Beispiel auch Mitteleuropa, blieben davon unberührt.

Das alte Ägyptische Reich hatte eine erstaunlich lange Lebensdauer: rund 3000 Jahre lang regierten die Pharaonen das Land am Nil. Erst im Jahr 30 v. Chr. gelang es den Römern, das Land ins Römerreich einzugliedern.

Größte Ausdehnung
des ägyptischen Reichs

30 v. Chr.
Römer erobern Ägypten

1000	500	Chr. Geburt

Daten

Ab 3000 v. Chr.:
Hochkultur in Ägypten

Begriffe

Papyrus
Hieroglyphen
Pharao
Pyramiden
Judentum

Personen

Tutanchamun
Hatschepsut
Hunefer

Tipps zum Thema: Ägypten – Leben in einer Hochkultur

Filmtipp

Die Pyramide.
Ein Weltwunder entsteht,
60 min, Deutschland 2003

Lesetipp

Eloise Jarvis McGraw:
Tochter des Nils,
Weinheim/Basel 2002

Museen

Ägyptisches Museum und
Papyrussammlung, Berlin

Ägyptisches Museum der
Universität Leipzig

Museum Waldenburg

Kommentierte Links: www.westermann.de/geschichte-linkliste

Thema: Ägypten – Leben in einer Hochkultur

Hinweis: Die folgende Tabelle dient der Selbsteinschätzung deiner erworbenen Kenntnisse und Fähigkeiten. Die Auflistung erhebt nicht den Anspruch, vollständig zu sein. Es handelt sich um eine Auswahl,

Ich kann ...	Ich bin sicher.	Ich bin ziemlich sicher.	Ich bin noch unsicher.	Ich habe große Lücken.
... den Begriff „Nil-Delta" erklären und weiß, wo es liegt.				
... die Besonderheiten der Flussoase Oberägyptens erläutern.				
... die Vorteile der regelmäßigen Überschwemmungen des Nil aufzählen, aber auch die Gefahren des Hochwassers benennen.				
... erläutern, dass das regelmäßig wiederkehrende Hochwasser die Menschen am Nil zu verbindlichen Regeln innerhalb ihrer Gemeinschaft zwang.				
... die Ursachen für das Erfinden eines Kalenders und für die Entwicklung der Technik der Landvermessung erklären.				
... das Bewässerungssystem der Ägypter erklären.				
... den Begriff „Pharao" erläutern und die Gründe dafür benennen, dass der Pharao an der Spitze der ägyptischen Gesellschaft stand.				
... den Aufbau der ägyptischen Gesellschaft erklären.				
... die Bedeutung des Wortes „Hieroglyphe" erläutern und einen wesentlichen Unterschied zwischen der Schrift der Ägypter und unserem Alphabet benennen.				
... die Funktion der Pyramiden erklären.				
...				
...				
...				

die ggf. erweitert werden kann. In der rechten Spalte findest du Hinweise, wie du eventuell vorhandene Lücken oder auch Unsicherheiten beseitigen kannst.
Bitte beachte: Solltest du über ein Leihexemplar dieses Lehrbuches verfügen, dann kopiere die Seiten, bevor du mit ihnen arbeitest.

auf diesen Seiten kannst Du in ANNO nachlesen	Empfehlungen zur Übung, Wiederholung und Festigung
46/47	Suche in einem Geografieatlas das Nil-Delta und nenne drei Städte, die sich dort heute befinden.
46/47	Erkläre den Begriff „Oase" und benenne die Vorteile einer Oase gegenüber Wüstengebieten für das Leben der Menschen.
46–49	Informiere dich anhand eines aktuellen Beispiels über die Folgen von Überschwemmungen für die Menschen.
46/47	Erkläre deiner Klasse zwei verbindliche Regeln im Alten Ägypten.
47	Erläutere die Bedeutung des Kalenders für das Leben im Alten Ägypten.
48	Informiere deine Klasse über die Funktionen von Bewässerungssystemen.
54	Begründe die Richtigkeit des nachfolgenden Satzes: „Die Existenz eines Pharaos war von großer Bedeutung für das Alte Ägypten."
54/55 58/59	Fertige ein Schaubild zum Aufbau der ägyptischen Gesellschaft an.
60/61	Belege an ausgewählten Beispielen, dass die Existenz einer Schrift wichtig für das Funktionieren einer Gesellschaft ist.
62–65	Suche im Lehrbuch nach entsprechenden Hinweisen und stelle diese in übersichtlicher Form zusammen (Stichworte).

Altes Museum in Berlin

Die Propyläen in München

Thronender Zeus
Bronzestatuette, 6. Jahrhundert v. Chr.

Ein Werbeplakat von 1928

Vase, 6. Jahrhundert v. Chr.

Der Deutsche Bundestag

Griechische Hoplitenphalanx
Kanne, um 650 v. Chr.

Die Welt der Griechen

Vermutungen über die Anfänge der griechischen Geschichte

Die Welt der Antike ist auf vielfältige Weise heute noch gegenwärtig: in Bauwerken, die sich am Vorbild der griechischen Tempel orientieren, durch Ruinen und Ausgrabungen sowie in einer Reihe von Begriffen, die aus dem Griechischen stammen, wie zum Beispiel Pädagoge, Athlet, Poesie, Technik oder Geometrie.

Über die griechische Frühzeit wissen wir durch Bodenfunde und sprachliche Zeugnisse sowie durch Texte, die in späterer Zeit von Griechen verfasst worden sind. Die hier enthaltenen Informationen sind allerdings sehr spärlich.

Wissenschaftler vermuten, dass seit etwa 2000 v. Chr. frühgriechische Stämme in mehreren Wellen auf die südliche Balkanhalbinsel einwanderten. Hier trafen sie auf eine alteingesessene Bevölkerung, mit der sie sich im Laufe eines langen Zeitraums vermischten. Die neuen Fürsten errichteten gewaltige Burgen und beherrschten mit einer kleinen Adelsschicht das Land. Krieger unternahmen Raubzüge mit schnellen Streitwagen in benachbarte Gebiete, wo sie Sklaven, Vieh und Gold erbeuteten. Man hat diese Kultur nach ihrer mächtigsten Burg benannt, die in Mykene stand.

Etwa um 1200 v. Chr. zerstörten wandernde Völker die Mykenische Kultur. Die Lebensverhältnisse verschlechterten sich so sehr, dass Forscher von den „dunklen Jahrhunderten" sprechen. Erst ab 800 v. Chr. lichtet sich das Dunkel, und es lassen sich mehrere griechische Stämme unterscheiden, die durch eine gemeinsame Sprache, Lebensweise und

M 1 **Totenmaske aus Mykene**
Die goldene Maske bedeckte das Gesicht eines bestatteten Fürsten, um 1550 v. Chr.

M 2

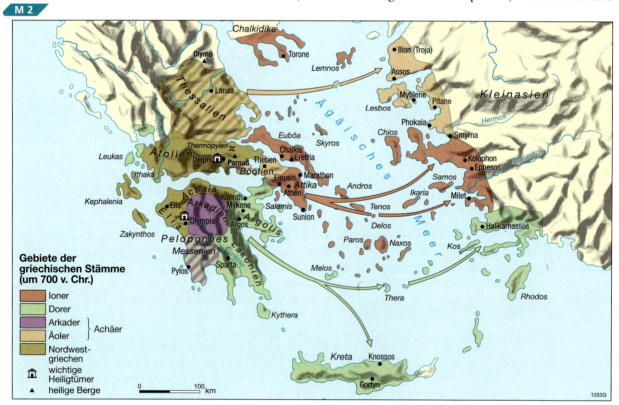

Gebiete der griechischen Stämme (um 700 v. Chr.)

- Ioner
- Dorer
- Arkader } Achäer
- Äoler }
- Nordwestgriechen
- 🏛 wichtige Heiligtümer
- ▲ heilige Berge

0   100 km

1033G

M 3 Homer

Zu den Legenden, die sich um Homer ranken, gehört seine Blindheit, römische Kopie einer griechischen Büste aus dem 2. Jh. v. Chr.

Religion miteinander verbunden waren. Dennoch entstand kein einheitlicher griechischer Staat, was vermutlich auch mit der Unwegsamkeit des Geländes zusammenhing. Die griechische Landschaft ist geprägt durch tief eingeschnittene Flusstäler und hohe Gebirge, was die Verbindung unter den Siedlungen und Städten erschwerte. Diese bestanden meist nur aus ein paar Tausend Einwohnern.

Ihren Heimatort nannten die Griechen „Polis" (Mehrzahl: Poleis). Diese war politischer und religiöser Mittelpunkt des umliegenden Gebietes. Die Bürger achteten auf die politische Selbstständigkeit ihrer Polis und waren stolz auf ihre Freiheit und ihr eigenes Recht.

Die stark gegliederte Küstenlandschaft sowie die zahlreichen Buchten und Inseln Griechenlands bildeten schließlich die Voraussetzung dafür, dass die Griechen schon früh zur See fuhren.

Gemeinsamkeiten der Griechen

Über die Seefahrt kamen die Griechen mit dem an der östlichen Mittelmeerküste beheimateten Volk der Phöniker in Kontakt, von dem sie das Alphabet übernahmen. Die Schrift ermöglichte Aufzeichnungen sowohl für den Handel als auch in den Bereichen Wissenschaft und Kunst. Neben der gemeinsamen Sprache und Schrift festigten auch religiöse Kulte das Zusammengehörigkeitsgefühl der Griechen, die sich selbst als „Hellenen" bezeichneten – alle nicht griechisch sprechenden Fremden galten hingegen als „Barbaren".

Für die antiken Griechen gehörten die „Ilias" und die „Odyssee" zum grundlegenden Wissensbestand. Personen und Geschehnisse dieser Texte waren allgegenwärtig: Die „Ilias" erzählt von der Belagerung Trojas durch die Griechen, die „Odyssee" von den Irrfahrten des Odysseus. Es ist davon auszugehen, dass diese Schriften Homers zahlreiche ältere, zuvor mündlich verbreitete Sagen künstlerisch vereinigten. Der Name Homer steht dabei aber wahrscheinlich nicht für einen einzelnen Autor, auch wenn die Griechen von der Existenz einer Person dieses Namens überzeugt waren.

Fasziniert von den homerischen Texten unternahm der wohlhabende deutsche Kaufmann Heinrich Schliemann ab 1870 Grabungen im türkischen Hisarlik, um das antike Troja zu finden. Tatsächlich konnten hier in verschiedenen Schichten mehrere zeitlich aufeinander folgende Siedlungen freigelegt werden; ob es das homerische Troja aber tatsächlich gegeben und wie es möglicherweise ausgesehen hat, wird bis heute diskutiert.

Die griechische Kolonisation

Homers von einer sagenhaften Vorzeit erzählenden Werke sind in Zusammenhang mit der Zeit der Ausbreitung der Griechen im Mittelmeerraum und im Schwarzmeergebiet im 8. Jahrhundert v. Chr. zu sehen. Diese sogenannte Große Kolonisation hatte mehrere Ursachen: Bevölkerungswachstum, Landnot und Ernährungskrisen, Handelsinteressen und der verbesserte Zugang zu Metallvorkommen oder Holz, insbesondere für den Schiffsbau, gehörten ebenso dazu wie der Ehrgeiz von Einzelpersonen oder der Abbau von Konflikten im Inneren der Gemeinschaft. Die Kolonisation führte zu einer Vielfalt griechischer Poleis im Mittelmeergebiet.

Die Welt der Griechen – Das griechische Alphabet und die Ilias von Homer in Text- und Bildquelle

M 4 **Das griechische Alphabet**

Α	α	Alpha	a
Β	β	Beta	b
Γ	γ	Gamma	g
Δ	δ	Delta	d
Ε	ε	Epsilon	e
Ζ	ζ	Zeta	z
Η	η	Eta	ä
Θ	ϑ	Theta	t (th)
Ι	ι	Jota	i, j
Κ	κ	Kappa	k
Λ	λ	Lambda	l
Μ	μ	My	m
Ν	ν	Ny	n
Ξ	ξ	Xi	x
Ο	ο	Omikron	o (kurz)
Π	π	Pi	p
Ρ	ϱ	Rho	r
Σ	σ	Sigma	s
Τ	τ	Tau	t
Υ	υ	Ypsilon	ü, u
Φ	φ	Phi	f (ph)
Χ	χ	Chi	ch
Ψ	ψ	Psi	ps
Ω	ω	Omega	o (lang)

M 5 **Ausgewählte griechische Wörter**

ΑΘΛΗΤΗΣ	ΛΟΓΟΣ	ΠΟΛΙΣ
ΒΑΡΒΑΡΟΣ	ΜΗΤΗΡ	ΠΟΛΙΤΕΙΑ
ΓΕΩΜΕΤΡΙΑ	ΠΑΤΗΡ	ΤΕΧΝΗ
ΔΗΜΟΚΡΑΤΙΑ	ΠΟΙΗΣΙΣ	ΦΙΛΟΣΟΦΙΑ

M 6 **Ein Kampf in der Ilias**

Der Kampf zwischen Aias und Hektor wird in der Ilias beschrieben:

Und Aias kam nahe heran und trug den Schild, einem Turm gleich,
Ehern, mit sieben Rindshäuten, die ihm Tychios mit Mühe gefertigt,
Der weit Beste der Lederschneider, der in Hyle die Häuser bewohnte.
Der hatte ihm den Schild gemacht, den funkelnden, siebenhäutigen,
Von Stieren, gut ernährten, und als achtes legte er Erz darüber.
Den trug vor der Brust der Telamonier Aias
Und trat dicht zu Hektor heran und sprach zu ihm drohend:
„Hektor! Jetzt wirst du es deutlich erkennen, du, einer allein,
Wie auch unter den Danaern sind überragende Männer,
Auch nach Achilleus, dem Männer durchbrechenden, löwenmutigen! […]"

Homer: Ilias, übers. von Wolfgang Schadewaldt, Frankfurt a.M., 1979.

M 7 **Ein Kampf im Bild,** der griechische Held Aias kämpft mit Hektor, dem Sohn des trojanischen Königs Priamos, rotfigurige Schale aus Athen, um 480 v. Chr.

M 8 Die Gründung einer Kolonie

Herodot (etwa 484–430 v. Chr.) gilt als Begründer der Geschichtsschreibung. In seinen „Historien" berichtet er unter anderem über die Gründung von Kyrene in Nordafrika:

Gerade zu dieser Zeit wollte Theras […] Lakedaimon [Sparta] verlassen, um eine Kolonie zu gründen. Theras stammte also aus dem Geschlecht des Kadmos und war der Mutterbruder der Söhne des
5 Aristodemos, Eurysthenes und Prokles. Solange diese Söhne noch Kinder waren, hatte Theras als ihr Vormund den Königsthron von Sparta inne. Aber die Brüder wuchsen heran und übernahmen selber die Herrschaft, und Theras, dem es uner-
10 träglich war, einen Herrscher über sich zu haben, da er selber das Herrschen geschmeckt hatte, wollte nicht länger in Lakedaimon bleiben und sagte, er wolle auswandern zu seinen Verwandten. Nun wohnten auf der Insel Thera, früher Kalliste
15 genannt, die Nachkommen eines Phoinikers […]. Zu ihnen also wollte Theras mit einem Teil der Spartiaten auswandern; er wollte gemeinsam mit ihnen wohnen und ihr Freund werden, nicht sie vertreiben. […] Die Insel Kalliste aber erhielt nach
20 Theras, der sich auf ihr ansiedelte, den Namen Thera. […].
Ein Nachkomme jenes Theras, Grinnos […], König der Insel Thera, kam nach Delphi, um im Namen seiner Stadt eine Hektakombe [Festopfer] zu
25 opfern. Einige Bürger reisten mit ihm, darunter Battos […]. Während nun der König Grinnos von Thera das Orakel befragte, gab die Pythia eine ganz andere Antwort: er solle eine Stadt in Libyen gründen. Er erwiderte darauf:
30 „Herr! Ich bin zu alt und müde, mich auf den Weg zu machen. Heiße doch einen der Jüngeren hier die Sache unternehmen!"

Mit diesen Worten wies er auf Battos. Weiter geschah damals nichts, und als sie heimgekehrt waren, ließen sie den Orakelspruch auf sich beru- 35 hen, denn sie wussten nicht, wo Libyen lag und wagten doch nicht, eine Kolonie ins Ungewisse und Unbekannte auszudehnen.
Nun aber blieb sieben Jahre lang der Regen in Thera aus, und während dieser Jahre verdorrten 40 alle Bäume auf der Insel mit Ausnahme eines einzigen. Die Theraier befragten das Orakel, und die Pythia erinnerte sie an das Gebot des Gottes, eine Kolonie in Libyen zu gründen. Da sie sich nicht anders zu helfen wussten, schickten sie Boten nach 45 Kreta, um nachzuforschen, ob vielleicht ein Kreter oder ein Fremder, der sich in Kreta aufhielt, einmal nach Libyen gekommen sei. Die Boten zogen auf der Insel umher und kamen endlich auch in die Stadt Itanos. Dort fanden sie einen Fischer, namens 50 Korobios, der sagte, er sei einmal von den Stürmen nach Libyen verschlagen worden und sei zu der Insel Platea an der libyschen Küste gelangt. Diesem Manne gaben sie Geld und brachten ihn mit nach Thera, und es fuhren nun zuerst wenige 55 Männer aus, um das libysche Land auszukundschaften. Korobios führte sie nach jener Insel Platea, und sie ließen ihn dort zurück, gaben ihm auch Nahrungsmittel für einige Monate und segelten eiligst nach Thera zurück, um die Kunde von 60 jener Insel ihren Landsleuten zu überbringen. […] Als die Theraier, die den Korobios in Platea zurückgelassen hatten, nach Thera heimkamen, meldeten sie, sie hätten eine Insel an der Küste Libyens für die Ansiedlung besetzt. Die Theraier beschlossen, dass 65 aus allen sieben Gemeinden der Insel immer je einer von zwei Brüdern auswandern sollte. Führer und König der Auswanderer sollte Battos sein. So gingen denn zwei Fünfzigruderer nach Platea ab.

Herodot, Historien, übers. von A. Horneffer, Stuttgart 1971, S. 305ff.

Aufgaben

1. **Die geografische Lage Griechenlands**
   a) Benenne anhand der Karte die geografischen Besonderheiten Griechenlands.
   b) Erläutere die Folgen der geografischen Lage für den Verkehr.
   → Text, M2

2. **Zeitgenössische Quellen vergleichen**
   Vergleiche das Vasenbild mit dem Text der Ilias.
   → M6, M7

3. **Die Gründung einer Kolonie**
   a) Fasse den Bericht Herodots mit eigenen Worten zusammen.
   b) Arbeite die Gründe heraus, die Herodot für eine Auswanderung nennt. Vergleiche mit den im Lehrbuchtext aufgeführten Gründen.
   c) Erläutere die Schwierigkeiten, die die Auswanderer zu bewältigen hatten.
   → Text, M8

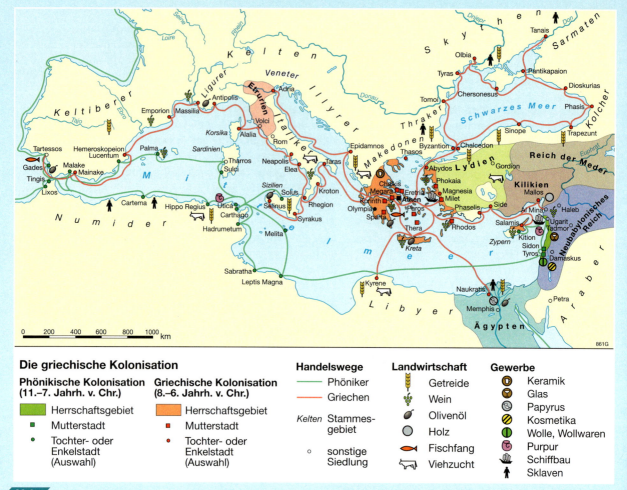

Die griechische Kolonisation

Phönikische Kolonisation (11.–7. Jahrh. v. Chr.)

- 🟩 Herrschaftsgebiet
- ■ Mutterstadt
- ● Tochter- oder Enkelstadt (Auswahl)

Griechische Kolonisation (8.–6. Jahrh. v. Chr.)

- 🟧 Herrschaftsgebiet
- ■ Mutterstadt
- ● Tochter- oder Enkelstadt (Auswahl)

Handelswege

- —— Phöniker
- —— Griechen
- *Kelten* Stammesgebiet
- ○ sonstige Siedlung

Landwirtschaft

- Getreide
- Wein
- Olivenöl
- Holz
- Fischfang
- Viehzucht

Gewerbe

- Keramik
- Glas
- Papyrus
- Kosmetika
- Wolle, Wollwaren
- Purpur
- Schiffbau
- Sklaven

M 1

Umgang mit Geschichtskarten

Merkmale einer Geschichtskarte

Geschichtskarten sind nachträgliche Darstellungen von historischen Gegebenheiten. Ausgangspunkt ist dabei eine geografische Karte. Geschichtskarten stellen vor allem die räumliche Dimension der Geschichte dar.

Historische Informationen werden unter anderem mithilfe von Symbolen, Linien, Flächenfarben und Beschriftungen eingetragen. Jede Karte sollte neben einer Überschrift sowie der Angabe des Maßstabes auch eine Legende enthalten, die die „Zeichensprache" der Karte erklärt. Das richtige Lesen einer Geschichtskarte ermöglicht es, sich schnell und umfassend über einen Sachverhalt zu informieren.

Vorsicht beim Umgang mit Geschichtskarten

Geschichtskarten vermitteln oft den Eindruck, dass der Kenntnisstand über historische Gegebenheiten sicher ist. Dieser Eindruck kann jedoch trügen. So lässt sich zum Beispiel die Lage von Ortschaften nicht immer sicher zuweisen. Ähnliches gilt für die Verbreitung von

Emporion
(Nordspanien)

(Ampurias)

Palaiapolis
griech. Siedlung seit
Mitte 6. Jh. vor Chr.
und spätantiker
Rückzugsplatz

Hafen

Heutige Küste

Mole

Stadtmauern nach

Säulenhalle 3. Jh.v.Chr.

Neapolis
griech. Siedlung seit
Ende 5. Jh.v.Chr.

Sarapis-Heiligtum
um 100 v.Chr.

300 v.Chr.

Gräber des
6.-4.Jh.v.Chr.
× × ×

0982G   0   100   200   m

M 2

Handelsgütern. Lässt der Fund einiger weniger griechischer Luxusvasen etwa im keltischen Siedlungsgebiet auf beständigen und regen wirtschaftlichen Austausch schließen? Wurden Handelsrouten, wie sie auf der Karte angegeben sind, regelmäßig genutzt und wenn ja mit welcher Intensität?

Geschichtskarten sind vereinfachte Darstellungen

Auch die Abbildung selbst entspricht nicht vollkommen der historischen Wirklichkeit: Um dem modernen Betrachter zum Beispiel die regionale Verbreitung von Siedlungsgebieten zu veranschaulichen, muss der Kartograf die Karte vereinfachen. Unter Umständen fallen wichtige Informationen über Gebirgszüge und Flussläufe weg, damit sich der Betrachter auf die historischen Hauptaussagen der Karte konzentrieren kann. Selbst der Umriss der Küstenlinien ist meist vereinfacht und berücksichtigt nicht unbedingt den Verlauf der historischen Küstenlinien.

Bei den Symbolen, die der Kartograf auswählt, muss er ebenfalls vereinfachen. So wird dem Leser zwar klar, dass im Mittelmeerraum Getreide transportiert wurde. Um welche Form von Getreide es sich handelte, erfährt er aus der Karte nicht, weil jede zusätzliche Information unter Umständen die Karte nur schwer oder gar nicht verständlich erscheinen ließe.

Fragen an Geschichtskarten

1. Bestandteile der Karte

a) Nenne das Thema der Karte und die Gebiete, die auf der Karte abgebildet sind.
b) Gib den Maßstab der Karte wieder.
c) Erläutere die Legende.
d) Erkläre die Symbole, Striche und Flächenfarben.

2. Art der Karte

a) Prüfe, ob eine Entwicklung oder ein Zustand dargestellt ist.
b) Entscheide, ob es sich um eine politische, eine militärische oder eine Wirtschaftskarte handelt. Begründe deine Antwort.

3. Aussagewert der Karte

a) Nenne den Zeitraum, in dem die griechische Kolonisation stattfand.
b) Nenne die südlichste, die westlichste, die nördlichste und die östlichste griechische Tochter- oder Enkelstadt.
c) Beurteile, ob die Griechen den ganzen Mittelmeerraum beherrschten.
d) Gib die Orte für die Keramikherstellung an.
e) Benenne die Herkunftsgebiete für das Getreide in Athen.
f) Beschreibe den Weg, den ein Schiff von Athen nach Emporion nahm.
g) Erläutere die Bauphasen, die in Emporion unterschieden werden können.
h) Prüfe die Gründe für die Eignung Emporions als Kolonie.
i) Stelle Informationen zusammen, die nicht in der Karte enthalten sind.

Ein Werbeplakat

Olympia – Ein Zentrum der griechischen Kultur

Die Olympischen Spiele – Heute und damals
Die Olympischen Spiele der Neuzeit, die seit 1896 regelmäßig veranstaltet werden, zählen zu den bedeutendsten Sportveranstaltungen auf der Welt. Sie knüpfen zwar an die Tradition der antiken Wettkämpfe an, unterscheiden sich jedoch von ihnen in vielerlei Hinsicht. Archäologische Funde, schriftliche Quellen und bildliche Darstellungen auf Vasen und Schalen enthalten wichtige Informationen über die damaligen Veranstaltungen.

Die antiken Olympischen Spiele fanden in Olympia statt, einem Ort im Westen der Peloponnes, wo heute noch Reste der damaligen Anlagen zu besichtigen sind. Die überlieferten Siegerlisten deuten darauf hin, dass die Spiele seit mindestens 776 v. Chr. veranstaltet wurden. Den vierjährigen Abstand zwischen den Spielen bezeichneten die Griechen als Olympiade und benutzten diese manchmal zur Datierung von Ereignissen. Die Zeit ihres größten Glanzes hatten die Olympischen Spiele im 5. Jahrhundert v. Chr.

Aber auch an anderen Orten fanden regelmäßig verschiedenartige Wettkämpfe statt, zum Beispiel Theater- und Gesangswettbewerbe. Diese Lust, Wettbewerbe auszutragen, gilt heute als typisches Kennzeichen der griechischen Kultur.

Ein religiöses Fest
Die antiken Olympischen Spiele waren jedoch mehr als sportliche Auseinandersetzungen. Sie waren eines der wichtigsten religiösen Feste in ganz Griechenland. Die Griechen widmeten sie ihrem wichtigsten Gott Zeus, und das Opferfest zu seinen Ehren war der wichtigste Teil der Spiele. Sein Standbild, das im zentralen Tempel im Heiligtum von Olympia aufgestellt war, hatte der Bildhauer Phidias um 430 v. Chr. aus Gold und Elfenbein gefertigt. Diese Zeus-Statue wurde zu den sieben Weltwundern der Antike gezählt.

Für das Zusammengehörigkeitsgefühl der Griechen waren die Olympischen Spiele von zentraler Bedeutung, da aus dem ganzen Mittelmeerraum Teilnehmer und Zuschauer zusammenkamen und sich trotz aller Unterschiede ihrer Gemeinsamkeiten in Sprache, Religion und Kultur bewusst wurden. Mehr noch: Ein Fest wie in Olympia bot Gelegenheit, politisch zu verhandeln und Verträge zu schließen.

Der Ablauf der Olympischen Spiele
An den Wettkämpfen in Olympia durften nur freie griechische Männer teilnehmen. Für junge Frauen fand jedoch außerhalb der Spiele alle vier Jahre ein Wettlauf über 160 m zu Ehren der Göttin Hera statt, die als Gemahlin von Zeus auch in Olympia verehrt wurde.

Ein Start bei den Olympischen Spielen war nur aussichtsreich, wenn intensiv trainiert werden konnte. Das setzte die finanzielle Unabhängigkeit der Athleten voraus. Aus diesem Grund bestritten in der frühen Zeit der Spiele vor allem Adlige die Kämpfe. In späterer Zeit unterstützten die Poleis ihre Sportler.

Um eine ungefährdete Anreise zu ermöglichen, wurde schon im Frühjahr ein für ganz Griechenland geltender Friede verkündet. Dieser

Olympia

0   100 km

978G

wurde aber nicht immer eingehalten. Der Andrang war so stark, dass die große Anzahl der Teilnehmer, der Schaulustigen und Händler im Freien oder in Zeltstädten übernachtete. Die Spiele hatten daher immer auch den Charakter eines Volksfestes.

Das Fest dauerte mehrere Tage. Es begann mit Opferungen und der Vereidigung der Teilnehmer vor dem Standbild des Zeus im Ratsgebäude, dem Bouleuterion. Die Wettkämpfe für Männer und Jungen fanden an den folgenden Tagen statt. Höhepunkt war das Opferfest für Zeus, das mit dem Vollmond zusammenfiel. Dabei wurden Ochsen geschlachtet und teilweise auf dem Aschealtar verbrannt. Dieser, so wird berichtet, war mehrere Meter hoch. Die Olympischen Spiele endeten mit der Siegerehrung.

Die Namen der Sieger wurden öffentlich verkündet und in Siegerlisten festgehalten. Als Siegespreis winkte in Olympia lediglich ein Lorbeerkranz. In den jeweiligen Heimatstädten wurden die Sieger jedoch bei der Heimkehr glänzend empfangen, reich beschenkt und mit vielen Vorrechten versehen, sodass sich ein Sieg auch finanziell lohnte. Manche Athleten ließen Siegerstatuen aufstellen. Darüber hinaus bekleidete mancher Sieger später ein wichtiges Amt in seiner Polis.

Ende und Neuentdeckung der Olympischen Spiele

Auch als Griechenland später unter römische Herrschaft kam, wurden weiterhin Olympische Spiele veranstaltet. Erst die allgemeine Ausbreitung des Christentums führte zum Verbot. Die letzten Wettkämpfe fanden 395 n. Chr. statt. Erst Ende des 19. Jahrhunderts setzte sich der französische Pädagoge und Historiker Pierre de Coubertin (1863–1937) für die Wiederbelebung des olympischen Gedankens ein. Das 1894 gegründete Internationale Olympische Komitee richtete 1896 in Athen die ersten Spiele der Neuzeit aus, die seitdem in der Regel alle vier Jahre veranstaltet werden.

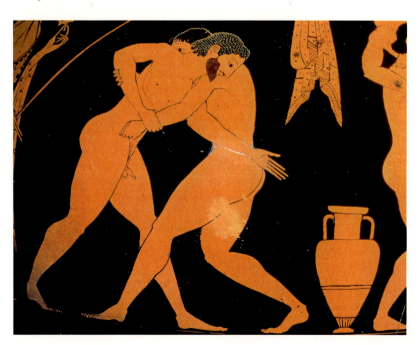

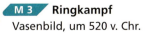 **Ringkampf**
Vasenbild, um 520 v. Chr.

Olympia – Vergleich zwischen Karte und Rekonstruktion

Grundriss von Olympia

- ▨ Heiliger Bezirk: Tempel, Altäre
- ▨ Bauten des Heiligtums ohne religiöse Funktion
- ▨ Bauten mit Aufgaben für die Wettkämpfe

Ⓐ Zeustempel mit Statue des Phidias
Ⓑ Heiliger Bezirk des Pelops
Ⓒ Großer Zeus-Altar von 8 m Höhe
Ⓓ Tempel der Hera
Ⓔ Tempel der Göttermutter Gaia
Ⓕ Bouleuterion (Rathaus)
Ⓖ Prytaneion (Verwaltung)
Ⓗ Schatzhäuser:

I Sikyon	VII (unbekannt)
II Syrakus	VIII Selinunt
III Epidamnos	IX Metapont
IV Byzanz	X Megara
V Sybaris	XI Gela
VI Kyrene	

Ⓘ Werkstatt des Phidias, in der die Zeus-Statue hergestellt wurde
Ⓚ Gästehaus
Ⓛ Palästra (Trainingsplatz für Ringer und Faustkämpfer)
Ⓜ Gymnasion (Sportplatz)
Ⓝ Bad
Ⓞ Stadion (Bahn für Wettläufer mit Start- und Zielschwellen; links: Sitze der Schiedsrichter)

zur Wagen- und Pferderennbahn (Hippodrom).

Das Gelände ist vom Fluss Alpheios weggespült.

0   50   100 m

M 4 Plan der antiken Bauten von Olympia

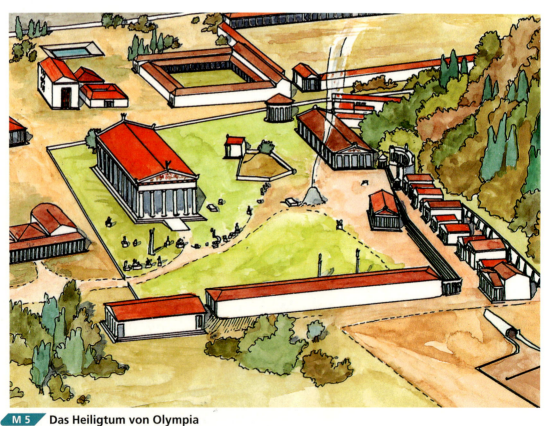

M 5 Das Heiligtum von Olympia
Blick von Osten, Rekonstruktionszeichnung

Antike Sportarten rekonstruieren – Der Weitsprung

Laufdisziplinen

Kurzstreckenlauf (192,25 m)
Mittelstreckenlauf (346,56 m)
Langstreckenlauf (3845 m),
Waffenlauf (384,5 m, ursprüng-
lich wurden Waffen, Helm, Schild
und Beinschienen getragen)

Fünfkampf

Diskuswurf
Speerwurf
Weitsprung
Kurzstreckenlauf
Ringkampf

Schwerathletik

Ringkampf
Faustkampf
Pankration (eine Mischung aus
Faust- und Ringkampf)

Wagen- und Pferderennen

Sie bildeten den Höhepunkt der
olympischen Disziplinen.

M 6 Die einzelnen Wettkämpfe

M 7 Weitsprung-Darstellung
Vase aus Athen, um 500 v. Chr.

M 8 Sprunggewicht aus Stein
Fund aus Olympia, 300 v. Chr.

Aufgaben

1. **Die Olympischen Spiele**
   a) Erarbeite mithilfe des Grundrisses die Aufga-
      ben der Olympischen Spiele.
   b) Vergleiche den Grundriss mit der Rekonstruk-
      tionszeichnung.
   → Text, M4, M5
2. **Die olympischen Wettkämpfe**
   a) Beschreibe die Disziplin „Weitsprung" im
      antiken Olympia.

   b) Vergleiche mit dem Weitsprung, wie er heute
      bei Olympischen Spielen üblich ist.
   c) Stellt in der Klasse Sprunggewichte her und
      führt auf dem Sportplatz den antiken Weit-
      sprung durch. Vergleicht mit den Weitsprung-
      ergebnissen aus dem Sportunterricht.
   d) Vergleiche die antiken Olympischen Spiele
      mit den modernen.
   → Text, M6–M8

Während sich die griechischen Athleten unter den wachsamen Augen ihrer Trainer, der Alipten, voller Energie fitmachen ...

M 1 Zeichnung aus „Asterix bei den Olympischen Spielen"

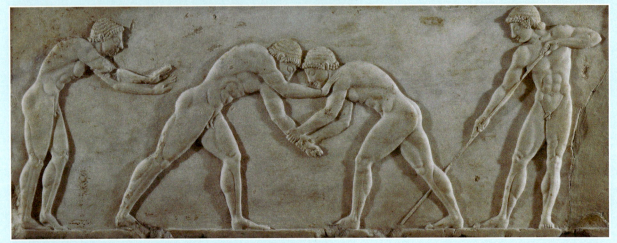

M 2 Griechische Reliefdarstellung, 5. Jahrhundert v. Chr.

Umgang mit Comics

Comics sind einerseits eine besondere Form bildlicher Darstellung. Auf der anderen Seite wird in Comics ähnlich wie in Jugendbüchern eine Geschichte erzählt. Die einzelnen Bilder sind dabei Momentaufnahmen aus der fortschreitenden Handlung.

Zu den Comics, die mit geschichtlichen Inhalten witzig spielen, gehört Dik Browns Comic „Hägar, der Schreckliche".

Wenn man von der Beziehung zwischen Comic und Geschichte und vor allem antiker Geschichte spricht, kann man die in Deutschland seit 1968 erscheinenden Abenteuer von Asterix der beiden Franzosen René Goscinny und Albert Uderzo nicht übergehen. Selbst die historische Fachwissenschaft erkennt an, dass viele Aspekte der Geschichten von Asterix historische Gegebenheiten zutreffend darstellen.

Auf der anderen Seite darf man sich wie bei allen anderen Comics nicht dazu verleiten lassen, alle Informationen als historisch verbürgt anzusehen. Der Witz von Comics besteht gerade darin, mit Geschichte „zu spielen".

M 3 Zeichnung aus „Hägar"

M 4 **Normannen,**

Nordmannen, auch Wikinger, in Osteuropa die Rus oder Waräger genannt, Bewohner Skandinaviens, die nach früheren Vorstößen vom Ende des 8. bis ins 11. Jh. teils als Seeräuber oder Kaufleute, teils als Eroberer und Staatengründer die Küsten Europas heimsuchten. In Westeuropa erschienen sie erstmals 787 n. Chr.

dtv-Brockhaus, S. 112.

M 5 **Amazonen,**

sagenhaftes Volk kriegerischer Frauen. Der Name bedeutete nach den Griechen „brustlos" und wies darauf hin, dass die Amazonen ihren Töchtern die rechte Brust abnahmen, damit sie den Bogen besser halten konnten. Eine andere Erklärung lautet, sie hätten kein Brot hergestellt (maze, Gerste), weil sie von der Jagd lebten. Ursprünglich vom Kaukasus oder aus Kolchis stammend, wohnten sie in Skythien (Südrussland) oder in Themiskyra im nördlichen Kleinasien.

Lexikon der antiken Mythen und Gestalten, München 1980, S. 40.

Fragen an Comics

1. Dargestellte Handlung

  a) Gib die Handlung im „Hägar"-Comic wieder.

  b) Nenne die dargestellten Szenen und erläutere diejenigen, die man sich dazudenken muss.

  c) Beurteile, ob sich die dargestellten Ereignisse in der Vergangenheit so zugetragen haben könnten.

  d) Beschreibe die im „Asterix"-Comic dargestellte Situation.

2. Dargestellte Figuren

  a) Nenne die Hauptfiguren in den Comics.

  b) Beschreibe die Eigenschaften der Normannen und der Amazonen.

  c) Informiere dich über „Amazonen" und „Wikinger". Erörtere, ob ein Zusammentreffen möglich gewesen wäre.

  d) Vergleiche die Reliefdarstellung der Kämpfer mit der Darstellung aus Asterix.

3. Absicht der Darstellung

  a) Die Comics sind witzig. Erkläre die Gründe.

  b) Bewerte beide Comics.

Die Religion der Griechen

Götter beherrschen die Welt

Woher wissen wir eigentlich etwas Genaueres über die Religion der Griechen? Es gab keine allgemein verbindliche heilige Schrift, aber es gibt Ruinen von Tempeln, es gibt Abbildungen auf Gefäßen und es gibt schriftliche Zeugnisse. Vor allem in den Dichtungen etwa von Homer spiegeln sich die religiösen Vorstellungen der Griechen wider.

Den Göttern wurde der oft wolkenverhangene Berg Olymp in Thessalien als Wohnort zugeschrieben. Die Griechen stellten sich ihre olympischen Götter – abgesehen von ihrer ewigen Jugend und ihrer Macht – sowohl vom Aussehen als auch vom Verhalten wie Menschen vor. Daher gab es unter ihnen Freundschaft, Streit, ja sogar Betrug und Feindschaft.

An der Spitze der olympischen Götterfamilie stand Zeus. Zunächst war er ein Gott, der für Himmelserscheinungen wie Blitz und Donner zuständig war. Später wurde er zum Wächter der Gerechtigkeit. In dieser Funktion durchschaute er alles Tun und Handeln der Menschen und bestrafte deren Vergehen.

Die Religion der Griechen war polytheistisch, das heißt es wurden viele Götter verehrt. Auf diese Weise konnten sich die Menschen vermutlich ihnen unverständliche Ereignisse erklären. So glaubten die Griechen bei Gewittern, Zeus sei zornig. Die Liebe war für sie das Werk der Aphrodite, der Göttin der Liebe. Überhaupt erschien den Griechen die gesamte Welt voller Götter. In Quellen wohnten Nymphen, Bäume wurden von Satyrn oder Faunen bevölkert und Flüsse von Flussgöttern, deren Wohlwollen man mit Gebeten oder Opfern zu erlangen suchte.

Formen religiöser Verehrung

Die Griechen kannten keinen eigenen Priesterstand, wie er in Ägypten üblich war. Priester, die jährlich gewählt wurden, vollzogen die offiziellen religiösen Handlungen. Im Zentrum der religiösen Kulte stand das Opfer. Um die Götter für sich zu gewinnen, schlachteten die Priester Tiere und verbrannten ausgewählte Stücke davon auf dem Opferaltar. Das Meiste und Beste aßen die Teilnehmer zu Hause oder beim anschließenden Festmahl. Allerdings konnte auch der einzelne Gläubige opfern.

Eine wesentliche Rolle in der griechischen Lebenswelt spielten religiöse Zentren und Kultstätten wie Olympia, die allen Hellenen heilig waren. Die Griechen glaubten, dass an solchen Orten eine Gottheit mit den Gläubigen in Verbindung treten und Auskünfte über die Zukunft geben könnte. Deshalb besuchten Gesandtschaften aus ganz Griechenland etwa das Heiligtum in Delphi.

Dort äußerte sich nach der Vorstellung der Griechen der Gott Apollon. Die Pythia, eine Priesterin, saß in ihrer „Cella", dem Innenraum, auf einem dreifüßigen hohen Stuhl aus Bronze und wurde unter der Einwirkung von Dämpfen in eine Art Rauschzustand versetzt. Die Griechen glaubten, dass die Pythia in diesem Zustand göttliche Botschaften verkündete. Sie stellten sich vor, dass Apollon auf Fragen antworte und in schwierigen politischen und privaten Situationen Lösungen aufzeige.

M 1 **Thronender Zeus**
griechische Bronzestatuette,
Höhe 12 cm, 6. Jahrhundert v. Chr.

M 2 **Bärtiger Götterkopf**
vermutlich Zeus, Marmor,
Höhe 17 cm, etwa 430 v. Chr.

M 3 **Heilige Orte**
Wichtige Orakelstätten im antiken
Griechenland

Da nur die Priester die Auskunft der Götter auslegen konnten, eröffnete sich ihnen die Möglichkeit, auch ihre eigenen Interessen zu verfolgen. Als Dank für günstige Antworten oder eingetroffene Prophezeiungen wurden aus ganz Griechenland Weihgeschenke und Beuteanteile nach Delphi gesandt, die in Schatzhäusern aufbewahrt wurden.

In Delphi gab es auch eine Verehrungsstätte für Dionysos, den Gott des Rausches und der Fruchtbarkeit. Seine Verehrung war vor allem in den unteren Volksschichten sehr verbreitet.

M 4 **Ein Tempel für Athene**
Der Parthenon-Tempel auf der Akropolis in Athen, heutiger Zustand

Apollon und Athena – Arbeiten mit Statuen und Lexikonartikeln

M 5 **Apollon**

Marmorstatue, römische Kopie des griechischen Originals aus dem 5. Jahrhundert v. Chr.

M 6 **Athena**

Römische Kopie, das griechische Original bestand aus Bronze und entstand um 450 v. Chr.

M 7 **Lexikonartikel**

In einem modernen Lexikon stehen folgende Informationen zu den zwei wichtigen Göttern:

a) Apoll

griechisch Apollon, lateinisch Apollo, griechischer Gott, bei Homer Sohn des Zeus und der Leto. Bruder der Artemis, ursprünglich aber orientalischer
5 Herkunft: Dies bezeugt sein Name, in dem das babylonische Wort abullu (Tor) vermutet wird; Hüter der Tore war der babylonische Sonnengott Schamasch. Ihm waren die Löwen heilig, die auf Delos, dem mythischen Geburtsort A. s, Symbol
10 des A. sind. Den Griechen vor Troja war A. nach Homer noch feindlich, seine Pfeile brachten Tod und Verderben. Wer Tod und Krankheit sendet, vermag nach antikem Glauben das Übel auch abzuwehren. So wurde A. zum Heilgott (später
15 von seinem mythischen Sohn Âskulap abgelöst) und – da Wege zur Heilung bes. durch Weissagung gewiesen wurden – zum Gott der Orakel […].

b) Athene, Pallas Athene

griechisch auch Athena, griechische Göttin. Tochter des Zeus, zunächst wohl kretische Palastgöttin und Schutzgöttin der mykenischen Herren, bei Homer ‚Vorkämpferin' in der Schlacht und 5 zugleich ‚Werkkundige'; sie lehrt die Frauen das Weben, die Männer das Zimmern.

Das Bild, das Palladion, wurde auf der trojanischen Burg verehrt, dennoch gewährte sie den Trojanern keinen Schutz. Geboren aus dem Haupt 10 des Zeus, ist A. die ‚Jungfräuliche' (Parthenos), die nie ein Liebesbündnis eingeht. In dem mit ihr verbundenen Athen barg der ‚Alte Tempel' ihr Holzbild, das jährlich an den Panathenäen ein neues Gewand erhielt. 15

Für sie wurde ein neuer Tempel, der Parthenon, errichtet. Ihre Attribute waren der Ölbaum und die Eule […].

dtv Brockhaus Lexikon, 20. Bde., München 1984, hier Bd. 1, S. 230 f. und S. 311 f.

Die Bedeutung der Götter – Arbeiten mit gegenständlichen Quellen

M 8 **Ein Orakel**
König Ägeus befragt die Priesterin Pythia in Delphi. In der Hand hält sie den Lorbeerzweig Apollons, Trinkschale um 440 v. Chr.

M 9 **Opfer für Dionysos**
Griechisches Relief, 4. Jahrhundert v. Chr.

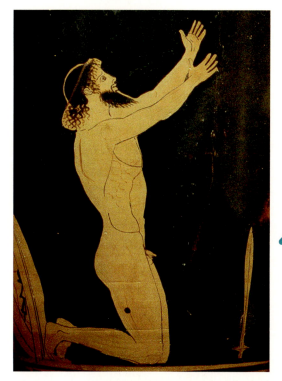

M 10 **Gebet des Aias vor seinem Selbstmord**
Nach dem Tod des Helden Achill in einer Schlacht kommt es zwischen Aias und Odysseus zum Streit um die Waffen Achills. Obwohl Aias die Leiche Achills aus der Schlacht gerettet hat, kann er sich gegen Odysseus nicht durchsetzen. Aias gerät in rasende Wut und tötet in seinem Wahn Schafherden. Wieder bei Sinnen kann er die Schmach nicht ertragen und stürzt sich von allen verlassen in sein Schwert. Diese attische Vase entstand um 460/50 v. Chr.

Aufgaben

1. **Apollon und Athena**
   a) Beschreibe die beiden Statuen. Berücksichtige insbesondere die Haltung und den Gesichtsausdruck.
   b) Erkläre mithilfe der Lexikonartikel die Aufgaben der beiden Götter.
   c) Weise nach, dass sich einige Eigenschaften der Götter an den Statuen ablesen lassen.
   → M5–M7

2. **Die Bedeutung der Götter**
   a) Erkläre mithilfe der Abbildungen die Kontaktaufnahme der Griechen mit den Göttern.
   b) Beurteile, ob die Abbildungen auf Vasen und Reliefs eine wichtige Quelle sind.
   c) Arbeite wesentliche Unterschiede zwischen der griechischen und der ägyptischen Religion heraus.
   → M8–M10

Woher wissen wir etwas über die alten Griechen?

Wenn du in deinem Geschichtsbuch nachliest, dein Lehrer euch beispielsweise über den Alexanderzug erzählt oder du einen Film über die Schlacht von Troja im Fernsehen siehst, wird dabei häufig der Eindruck erweckt, dass alles auch genauso gewesen ist, wie es dort dargestellt wird. Doch woher weiß man überhaupt, was wann in der griechischen Geschichte geschehen ist und kann man sich da wirklich immer so sicher sein?

Da kein Historiker sich in eine Zeitmaschine setzen kann, um selbst zu erfahren, wie es im alten Griechenland zugegangen ist, muss er sich mit den heute noch vorhandenen „Zeugen" aus dieser Zeit beschäftigen, also mit Quellen unterschiedlichster Art, die etwas über die griechische Antike erzählen. Diese werden nach wissenschaftlichen Regeln untersucht und ausgewertet.

Zum Glück gibt es Archäologen

Man kann zwischen schriftlichen und nicht-schriftlichen Quellen unterscheiden, für die Geschichtswissenschaft ist die schriftliche Quelle die bedeutendste. Leider fällt diese aber für das Griechenland der Frühzeit (bis 800 v. Chr.) fast vollständig aus. Daher sind die Historiker bei der Erforschung dieses Zeitraums in ganz besonderer Art und Weise auf die Archäologen und deren Forschungsergebnisse angewiesen.

Anhand archäologischer Grabungen, bei denen Überreste von Siedlungen, Palästen oder auch Grabstätten aus dieser Zeit gefunden und untersucht werden, können z. B. Rückschlüsse auf die Organisation der damaligen Gemeinschaft gezogen werden: Der Historiker erfährt

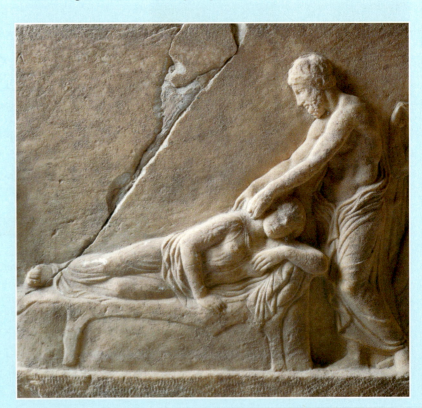

M 1 Ein Relief aus dem 5. Jahrhundert v. Chr.
Asklepios, der griechische Gott der Heilkunst, behandelt eine Frau.

anhand der unterschiedlichen Ausgestaltung der Gebäudereste sowie der Grabbeigaben, dass wohl höher und niedriger gestellte Bevölkerungsschichten existiert haben und ein König oder zumindest Anführer an der Spitze der Gemeinschaft gestanden hat.

Aber nicht nur für die griechische Frühzeit, sondern für die gesamte griechische Geschichte sind die Forschungsergebnisse der Archäologie eine unverzichtbare Ergänzung. Woher weiß man beispielsweise, ob es einen athenischen Politiker mit dem Namen Aristeides, einen Sohn des Lysimachos, wirklich gegeben hat? Könnte ein antiker Schriftsteller diese Person nicht auch einfach frei erfunden haben? Hier haben die Archäologen eine Tonscherbe mit dem eingeritzten Namen gefunden, wie sie beim Scherbengericht in Athen verwendet worden ist – ein Beweis mehr dafür, dass es ihn wohl wirklich gegeben hat und man überlegt hat, ihn zu verbannen.

Darüber hinaus spielen archäologische Fundstücke auch eine wichtige Rolle, wenn man untersuchen möchte, über welche Strecken die Griechen Handel betrieben haben oder wie weit sich ihr kultureller Einfluss ausgebreitet hatte: Findet man nämlich griechische Vasen oder auch Münzen in anderen Ländern, so kann man davon ausgehen, dass wohl früher eine Handelsbeziehung zwischen den beiden Ländern bestanden hat – davon abgesehen, weiß man dadurch, dass es überhaupt so etwas wie Geld gab. Findet man dann wiederum eine große Menge an Münzen in einem Versteck, also einen richtigen „Schatz", könnte dies ein Hinweis darauf sein, dass die Menschen wohl in Bedrängnis gekommen sind – vielleicht durch herankommende Feinde – und ihr Hab und Gut verstecken mussten.

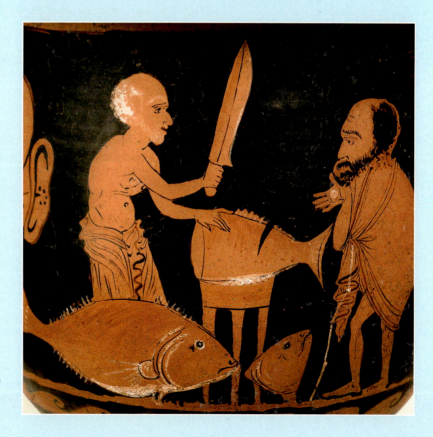

M 2 **Ein Gefäß aus dem 5. Jahrhundert v. Chr.**
Ein Fischhändler in Athen.

M 3 Herodot

Griechischer Geschichtsschreiber, Geograf und Völkerkundler, römische Kopie einer griechischen Büste, 4. Jahrhundert v. Chr.

M 4 Thukydides

Historiker, gilt als Begründer der wissenschaftlichen und politischen Geschichtsschreibung, zeitgenössische Büste.

Was erfährt man aus den schriftlichen Quellen?

Die Griechen der Antike verwendeten zum Schreiben Wachstafeln, Tontafeln, Steintafeln, Papyrusrollen oder Pergament mit Tinte bzw. Farbe. Bei den schriftlichen Quellen wird allgemein zwischen literarischen und nicht-literarischen Texten unterschieden.

Zu den literarischen Texten gehören die Werke der Geschichtsschreiber wie Herodot oder Thukydides und der große Bereich der Dichtung, d. h. Gedichte, Epen, Theaterstücke, Biografien bekannter Personen oder Reden. Der Grieche Plutarch hat im ersten Jahrhundert nach Christus seine berühmten „Doppelbiografien" geschrieben, in denen er jeweils das Leben einer wichtigen Person der griechischen und römischen Geschichte einander gegenüberstellt. Für die Geschichte Athens in klassischer Zeit sind die Komödien des Aristophanes, wie „Die Wolken" oder „Die Frösche" sehr wertvolle Zeugnisse, da in ihnen brennende gesellschaftliche Probleme um Krieg und Frieden oder Reichtum und Armut recht unverblümt dargestellt werden. Dadurch erhält ein Historiker einen Einblick in die Dinge, mit denen sich die Athener in ihrem Leben auseinandergesetzt haben. Allerdings gibt es immer mehrere Möglichkeiten der historischen Deutung. Aus zeitgenössischen Reden und Briefen erfährt man ebenfalls sehr viel über die gesellschaftlichen und wirtschaftlichen Verhältnisse im alten Griechenland.

Neben diesen literarischen Werken haben die Griechen auch eine Fülle an Sachliteratur produziert, in der sie sich mit Pflanzen- oder Tierkunde, Geografie, Politik, Philosophie und Medizin beschäftigt haben. Daher weiß man beispielsweise, wie sich die Griechen das Funktionieren des menschlichen Körpers vorgestellt oder sich Krankheiten erklärt haben. Der griechische Arzt Hippokrates gilt bis heute als der Begründer der wissenschaftlichen Medizin.

Eine große Bedeutung kommt auch den Inschriften (Epigraphen) und Papyri, den auf Papyrusrollen aufgeschriebenen Texten, zu. Inschriften haben Gesetzestexte oder Volksbeschlüsse zum Inhalt und geben uns daher Aufschluss z. B. über die Rechtsprechung. Besonders informativ sind Papyri, da man diese nicht nur bruchstückhaft gefunden hat, sondern teilweise ganze Bibliotheken, was natürlich eine zusammenhängende Deutung erleichtert. Auf diesen Papyri sind Steuererklärungen, Ehe-, Ausbildungs- oder Kaufverträge festgehalten worden, wodurch man viel über das Wirtschaftsleben Ägyptens in hellenistischer und römischer Zeit erfährt. Da die Untersuchung und Deutung dieser Quellenarten ein Spezialwissen erfordern, hat man dafür sogar eigene Forschungsbereiche gebildet, die Epigraphik und die Papyrologie.

Ein Puzzle mit vielen tausend Teilen

Historiker müssen also ganz verschiedenartige Informationen und Quellen auswerten und vergleichen, um daraus zu einem Gesamtbild zu kommen und die Vergangenheit beschreiben zu können. Forschungsergebnisse der Archäologie werden ergänzt oder verglichen mit schriftlichen Quellen, die aus der jeweiligen Zeit stammen oder Auskunft über sie geben. Die großen Epen des Homer, „Ilias" und „Odyssee", stellen beispielsweise die wichtigsten schriftlichen Quellen über die griechische Frühzeit dar. Diese entstanden zwar nicht zu dieser Zeit, aber in ihnen wird vermutlich die Gesellschaft zu dieser Zeit beschrieben. Allerdings ist der Wahrheitsgehalt dieser Quellen nicht gesichert, d. h. man weiß einfach nicht, ob man sich auch wirklich auf die Aussagen verlassen kann. Dazu kommt, dass Homer als Einzelperson wohl gar nicht existiert hat, sondern man mit diesem Namen vermutlich mehrere Autoren bezeichnet, die um 800 v. Chr. die Geschichten niedergeschrieben haben, die man sich schon lange Zeit mündlich weitererzählt hat. Der Vergleich mit Grabungsfunden bestätigt aber viele Aussagen aus Homers Werken.

Auch sind die meisten Texte der antiken Geschichtsschreibung gar nicht komplett erhalten oder werden nur in einem anderen Text erwähnt. Daher gibt es oft für größere Zeitabschnitte keine zuverlässige Überlieferung der Geschichte, zwischen einem historischen Ereignis und dem antiken Bericht können außerdem Jahrhunderte liegen. Wie heute gab es nämlich auch damals schon Leute, die sich mit der weit zurückliegenden Vergangenheit beschäftigt haben. In diesem Fall muss man dann genau überprüfen, welche Quellen wiederum der antike Autor verwendet hat, und ob man ihm tatsächlich Glauben schenken kann.

Es gehen auch immer wieder Quellen verloren: sei es durch Raub, Umweltkatastrophen oder unsachgemäße Aufbewahrung. Auf der anderen Seite tauchen aber in regelmäßigen Abständen neue Funde auf: Die Entdeckung oder Enträtselung eines bisher unbekannten „Puzzleteils" kann dann wiederum die Deutung eines anderen verändern – manchmal sogar eines großen Teils der Geschichte überhaupt. Die Quellenbasis ist also nicht konstant und die Geschichte nie „fertig".

Die Arbeit der Historiker gleicht einem riesigen Puzzle, das oft in jahrelanger Arbeit fertig gestellt wird – und das meist nicht einmal ganz vollständig. Vieles weiß man nach wie vor nicht genau. Daher werden in den Darstellungstexten der Historiker auch oft die Wörter „wohl", „vermutlich", „wahrscheinlich" oder ähnliche verwendet, was dir in deinem Geschichtsbuch vermutlich auch schon aufgefallen ist.

M 5 Eine antike Handschrift
Der berühmte griechische Philosoph Aristoteles verfasste im 4. Jahrhundert v. Chr. das Werk „Der Staat der Athener", von dem nur diese eine handschriftliche Abschrift aus der Antike überliefert ist. Sie befindet sich in einem ägyptischen Papyrusbuch aus der Zeit um 100 n. Chr.

Athen – Polis der Bürger

Die größte Polis Griechenlands

Die Polis der Athener umfasste die gesamte Halbinsel Attika. Die Fläche von rund 2 500 Quadratkilometern entspricht ungefähr dem heutigen Großherzogtum Luxemburg. Mit etwa 35 000 männlichen Vollbürgern, die um 450 v. Chr. dort lebten, übertraf sie auch in der Bevölkerungszahl alle anderen griechischen Poleis. Hinzu kamen Frauen, Kinder, Fremde und Sklaven. Insgesamt wird die Einwohnerzahl von ganz Attika zur damaligen Zeit auf 200 000 geschätzt. Wovon lebten diese Menschen?

Wie ganz Griechenland war die Landschaft Attikas geprägt durch waldreiche Berge und Täler, die landwirtschaftlich genutzt wurden.

M 1

Die Polis der Athener (im 5. Jahrhundert v. Chr.)

- Siedlungen
- Siedlungen mit Festungsanlagen
- Heiligtum
- Heilige Straße
- Verbindung Athen-Piräus (Lange Mauer)
- Grenze der attischen Polis Athen
- Silberbergwerk
- Marmorbrüche

- Wein- u. Olivenanbau
- Getreideanbau
- Fischerei
- Keramikherstellung
- Waffenproduktion u. Erzgießerei

Maßstab 1: 500 000
0   5   10 km

Der Boden war besonders geeignet für den Anbau von Wein, Feigen und Oliven. Aber auch Gemüse und Getreide wurden angepflanzt. Die Athener bauten in Attika angesichts der geringen Niederschlagsmengen mehr Gerste als Weizen an.

Auf den Gebieten, die zum Ackerbau nicht geeignet waren, wurde Weidewirtschaft betrieben. Frühjahr und Sommer verbrachte das Vieh in den Bergen, die Wintermonate dagegen in den tiefer gelegenen wärmeren Gebieten. Schafe und Ziegen lieferten Wolle und Milch, aus der auch Käse hergestellt wurde. Zudem dienten die Tiere in Notzeiten als Ergänzung der sonst überwiegend pflanzlichen Nahrung, die durch den Fischfang allerdings bereichert wurde.

Antiker Bergbau

Schon seit dem ausgehenden siebten Jahrhundert v. Chr. war Athen auf Getreideeinfuhren angewiesen, um die Bevölkerung ausreichend ernähren zu können.

Finanziert wurde dies durch den Silberbergbau im Lauriongebirge sowie durch die Ausfuhr handwerklicher Produkte. Wissenschaftler nehmen an, dass die Athener im sechsten Jahrhundert mit dem Abbau von Zink und Blei begannen. Im Verlauf des fünften vorchristlichen Jahrhunderts verwandelte sich das Gebiet nördlich von Kap Sunion in eine für damalige Zeiten riesige Bergwerkslandschaft mit mehr als 2000 Schächten und 200 Anlagen zur Aufbereitung und Verhüttung des Erzes. Viele Arbeiten unter Tage verrichteten Sklaven. Die Gänge, die bis 120 m unter die Erde reichten, waren teilweise nur 60 cm hoch. Aus Aufzeichnungen ist bekannt, dass allein ein reicher Adeliger 1000 Sklaven an die Pächter der Bergwerke vermietete. Die Minen selbst verblieben im Besitz der Polis und trugen ganz erheblich zur Macht Athens bei.

Handwerk und Handel

Bekannt waren auch die Töpferwaren der Handwerker aus Attika, die aus Ton Geschirr und Trinkgefäße herstellten. Tonbehälter dienten auch zum Transport und zur Lagerhaltung. Manche Gefäße wurden allerdings allein zu rituellen Zwecken, etwa als Grabschmuck, benutzt.

Im 5. Jahrhundert v. Chr. setzte sich die attische Keramik gegenüber Konkurrenzprodukten in Griechenland und im westlichen Mittelmeergebiet durch. Insbesondere die hochwertige attische Keramik war mit Abbildungen sowohl aus dem Alltagsleben als auch aus der Welt der Sagen und Mythen versehen. Diese ist heute für uns eine wichtige Quelle. Die attischen Töpfer und Vasenmaler waren sehr stolz auf ihr handwerkliches Können. Sie signierten ihre Erzeugnisse sogar mit ihren Namen.

Die Polis der Athener unterhielt also intensive Handelsbeziehungen im ganzen Mittelmeerraum und im Schwarzmeergebiet. Vor allem Getreide, Olivenöl und Töpfereiprodukte wurden auf großen Segelschiffen transportiert, wie man von Vasenmalereien und Wrackfunden weiß.

Mit dem Warenhandel über weite Entfernungen entwickelte sich auch das Münzwesen. Das geprägte Metallgeld aus einer Goldlegierung und später aus Silber war in Kleinasien seit Beginn des 6. vorchristlichen Jahrhunderts im Gebrauch.

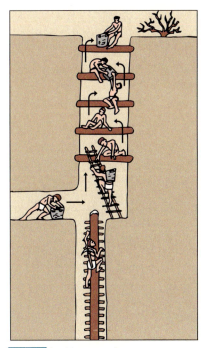

M 2   **Im Bergwerk**

In Laurion wurde silberhaltiges Bleierz abgebaut. Das Schaubild gibt den Zustand von etwa 350 v. Chr. wieder.

101

Handelsschiffe – Vergleich verschiedener bildlicher Darstellungen

M 3 **Zeitgenössische Abbildung**
Abbildung eines Frachtschiffes auf einer Keramikschale aus Athen aus dem 6. Jahrhundert v. Chr.

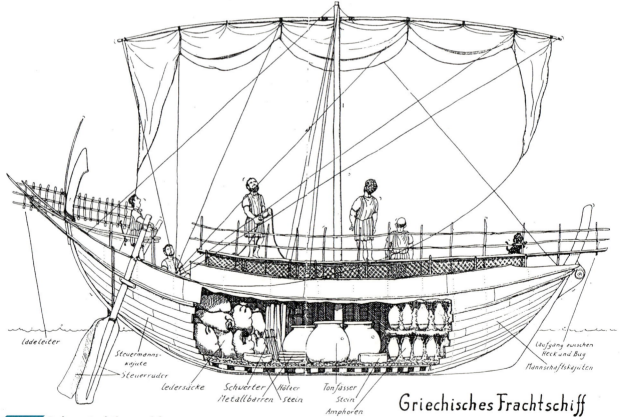

Griechisches Frachtschiff

M 4 **Rekonstruktionszeichnung**
Länge: etwa 20 m; Breite: etwa 8 m; Zuladung: 150 t; Besatzung: Steuermann und 4 Matrosen

Sklaven in der Antike in Text und Bild

M 5   **Sklaven in der griechischen Wirtschaft**

Ein Geschichtsforscher unserer Zeit schildert die Bedeutung der Sklaven im antiken Griechenland:

Die Sklaven sind für die Griechen in dieser Zeit unentbehrliche Arbeitskräfte geworden. In manchen Produktionszweigen, etwa im Bergbau, überwiegen sie bei weitem die freien Arbeitskräfte. In keinem Wirtschaftszweig sind freilich nur Sklaven beschäftigt. Normalerweise führen vielmehr Sklaven und Freie dieselben Arbeiten aus. Auf der anderen Seite sind Sklaven als häusliche Arbeitskräfte unentbehrlich geblieben. Auf diesem Gebiet kommen freie Arbeitskräfte kaum mehr in Frage. Übrigens beschäftigt nicht jeder seine Sklaven in seinem eigenen Haushalt oder Betrieb. Nicht selten vermietet man sie an Dritte, etwa für Gelegenheitsarbeiten oder als Saisonarbeiter in der Landwirtschaft. Der Mieter verschafft sich auf diese Weise jeweils für kurze Zeit die Dienste einer Arbeitskraft, die er nicht ständig beschäftigen bzw. deren Unterhalt er sich nicht leisten könnte. Es gibt auch Unternehmer, die eine größere Zahl von Sklaven zu dem Zweck halten, sie gewinnbringend zu vermieten. Der bekannte athenische Staatsmann und Feldherr Nikias etwa hatte an einen Bergwerksunternehmer in den Silbergruben von Laurion 1000 Sklaven vermietet. So sind die Sklaven im klassischen Griechenland wohl die beste Kapitalanlage.

Fritz Gschnitzer, Griechische Sozialgeschichte von der mykenischen bis zum Ausgang der klassischen Zeit, Wiesbaden 1981, S. 117.

M 6   **Bergwerk** in Griechenland, Tontäfelchen, um 600 v. Chr.

Aufgaben

1. **Die Versorgung Athens**
   a) Nenne die Nahrungsmittel, die – nach Angabe der Karte – in Attika angebaut wurden.
   b) Beschreibe den Erzabbau in Laurion.
   c) Vergleiche die beiden Darstellungen des Frachtschiffes.
   → Text, M1–M4

2. **Sklaven in Athen**
   a) Fasse mit eigenen Worten die Ausführungen des Wissenschaftlers über die Sklaverei zusammen.
   b) Lege die Gefahren dar, die auf die Bergwerkssklaven lauerten.
   c) Diskutiere die Gründe für die Ablehnung der Sklaverei in unserer Gesellschaft.
   → Text, M5

Das Volk bestimmt in Athen

Der Begriff „Demokratie"

Die Bundesrepublik Deutschland ist ein Staat mit einer demokratischen Ordnung. Der Begriff „Demokratie" stammt aus dem Griechischen und bedeutet wörtlich „Volks-Herrschaft". Das antike Athen gilt als frühes Beispiel dafür, dass die Mehrheit der Bevölkerung politische Entscheidungen treffen konnte. Deshalb wird heute immer noch auf die damalige Entwicklung Bezug genommen. Innerhalb der Welt der griechischen Poleis war die Ausbildung der Demokratie in Athen allerdings die Ausnahme – und sie zog sich über einen langen Zeitraum hin.

Von der Monarchie zur Aristokratie

In vielen griechischen Poleis scheint zunächst ein König geherrscht zu haben. Diese Herrschaft eines Einzelnen wird als „Monarchie" bezeichnet. Nachweisbar – auch in Athen – ist auf alle Fälle die Herrschaftsform der Aristokratie. Das bedeutet wörtlich übersetzt „Herrschaft der Besten". Gemeint ist damit eine Oberschicht, die aus einer Gruppe reicher Familien bestand. Die Aristokraten waren Großgrundbesitzer und verfügten somit über die Mittel, Pferde und Rüstung zur Verteidigung der Polis zu unterhalten.

In der Folgezeit wurden allerdings schwer bewaffnete Hopliten immer wichtiger, die in einer Schlachtreihe, der sogenannten Phalanx, kämpften. Da auch Bauern, Händler und vermögende Handwerker die Ausrüstung eines Hopliten bezahlen konnten und Kriegsdienst leisteten, forderten auch sie Einfluss auf die politischen Entscheidungen.

Die Krise der Aristokratie

Viele Bauern waren allerdings bei den Großgrundbesitzern verschuldet, die sie bei Zahlungsunfähigkeit sogar versklaven konnten. Als sich die Situation in Athen zuspitzte, bemühte sich Solon (etwa 640–560 v. Chr.), der selbst ein Angehöriger der Oberschicht war, um einen Ausgleich. Er erreichte, dass den Kleinbauern die Schulden erlassen wurden, und verbot den Großgrundbesitzern, die Bauern zu verskla-

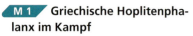

M 1 Griechische Hoplitenphalanx im Kampf
Abbildung von einer korinthischen Kanne, um 650 v. Chr.

ven. Mit dieser sogenannten Lastenabschüttelung sollte der innere Frieden in der Polis wieder hergestellt werden.

Doch der Konflikt dauerte an. Diese Auseinandersetzung nutzte der Adlige Peisistratos (um 560–527 v. Chr.) aus und herrschte als „Tyrann", das heißt als ungesetzlicher Alleinherrscher. Er war erfolgreich, weil er die wirtschaftliche Lage der Handwerker und Bauern verbessern konnte. Als jedoch nach seinem Tod 527/528 v. Chr. zwei seiner Söhne versuchten, die Alleinherrschaft gewaltsam weiterzuführen, wurde der eine ermordet und der andere musste aus Athen fliehen.

Auf dem Weg zur Demokratie

Eine wichtige Etappe in der weiteren Entwicklung stellen die Maßnahmen des Kleisthenes im Jahr 508/507 v. Chr. dar. Er wollte den Einfluss verschiedener Gruppen aus der Oberschicht beschränken und die Errichtung einer Tyrannis mithilfe einer Neuaufteilung der Bevölkerung erschweren:

Zunächst teilte Kleisthenes Attika in drei Gebiete – Stadt, Binnenland und Küstenregion – mit jeweils zehn Zonen ein. Dann fasste er immer drei Zonen, und zwar eine aus der Stadt, eine aus dem Binnenland und eine aus der Küstenregion, zu einer sogenannten Phyle zusammen. So entstanden insgesamt zehn Phylen. Sie bildeten die Grundlage für das Militärwesen der Stadt und für die politische Ordnung. Denn aus jeder Phyle wurden 50 Ratsherren bestimmt, die im „Rat der 500" die wichtigen politischen Entscheidungen vorbereiteten.

Das letzte Wort hatte die Volksversammlung. Sie wurde somit zur wichtigsten Einrichtung der Polis. Die Archonten, die obersten Beamten, die vom Volk gewählt, später durch Los bestimmt wurden, hatten die Beschlüsse auszuführen.

Um eine Tyrannis zu verhindern, wurde das „Scherbengericht" eingeführt: Falls mindestens 6 000 Bürger den Namen eines Politikers, den sie für gefährlich hielten, auf eine Tonscherbe schrieben, musste dieser für zehn Jahre Athen verlassen. Nach der griechischen Bezeichnung für Scherbe – Ostraka – wurde dieses Verfahren Ostrakismos genannt.

Der weitere Ausbau der Demokratie

Nach und nach konnten alle männlichen Bürger Athens politisch mitbestimmen. Auch die besitzlosen Theten, die als Ruderer für die Flotte unverzichtbar waren, erhielten politische Rechte. Frauen, Fremde und Sklaven durften allerdings nicht mitbestimmen. Um allen die Teilnahme am politischen Leben zu ermöglichen, erhielten die Teilnehmer an Volksversammlungen und Gerichtssitzungen Tagegelder, sogenannte Diäten.

Die Demokratie in Athen – Ein Vorbild?

Zwei auch heute noch gültige Prinzipen der Demokratie wurden damals durchgesetzt: Das Gleichheitsprinzip für alle Bürger und das Mehrheitsprinzip für alle Entscheidungen. Im Unterschied zu heute wurden jedoch keine Abgeordneten gewählt, sondern jeder Bürger konnte an der Volksversammlung teilnehmen und unmittelbar mitbestimmen. Allerdings konnten nur die männlichen Bürger die politischen Rechte in Anspruch nehmen.

M 2 **Tonscherbe**
Sie ist mit dem Namen des Aristeides beschriftet, Originalscherbe, vermutlich 5. Jahrhundert v. Chr.

Die athenische Demokratie – Ein Rollenspiel

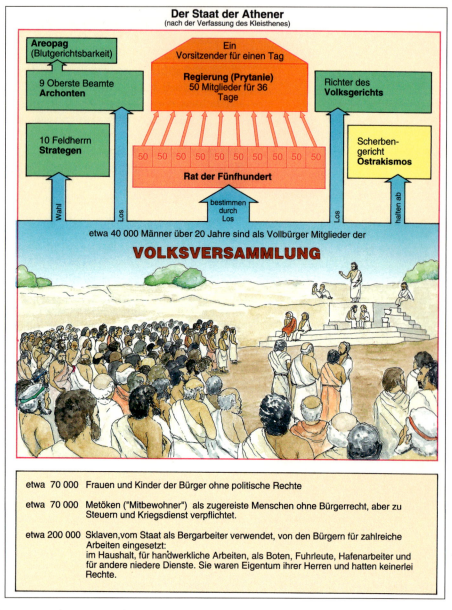

Der Staat der Athener
(nach der Verfassung des Kleisthenes)

Areopag
(Blutgerichtsbarkeit)

Ein
Vorsitzender für einen Tag

Richter des
Volksgerichts

9 Oberste Beamte
Archonten

Regierung (Prytanie)
50 Mitglieder für 36
Tage

10 Feldherrn
Strategen

**Scherben-
gericht
Ostrakismos**

50 50 50 50 50 50 50 50 50 50

Rat der Fünfhundert

Wahl   Los   bestimmen
durch
Los   Los   halten ab

etwa 40 000 Männer über 20 Jahre sind als Vollbürger Mitglieder der

VOLKSVERSAMMLUNG

etwa 70 000   Frauen und Kinder der Bürger ohne politische Rechte

etwa 70 000   Metöken ("Mitbewohner") als zugereiste Menschen ohne Bürgerrecht, aber zu
Steuern und Kriegsdienst verpflichtet.

etwa 200 000   Sklaven, vom Staat als Bergarbeiter verwendet, von den Bürgern für zahlreiche
Arbeiten eingesetzt:
im Haushalt, für handwerkliche Arbeiten, als Boten, Fuhrleute, Hafenarbeiter und
für andere niedere Dienste. Sie waren Eigentum ihrer Herren und hatten keinerlei
Rechte.

M 3 **Die Volksversammlung von Athen**
wird in jedem Monat vier Mal abgehalten. Zu diesem Zweck können alle Männer über zwanzig, deren Väter und Mütter freie Athener sind, auf der Pnyx, einem Hügel in der Stadt, zusammenkommen, um über Gesetze abzustimmen. Die Pnyx bietet Raum für etwa 8 000 Menschen. Lediglich für die Regierungsmitglieder, die Prytanen, sind Holzbänke aufgestellt. Die Bürger setzen sich wohl auf den blanken Stein oder stehen.
Die Tagesordnung, die fünf Tage vor der Versammlung bekannt gemacht wird, wird zwar von den Prytanen erstellt, aber zu den Tagesordnungspunkten können Änderungs- und Zusatzanträge eingereicht werden. Viele Punkte der Tagesordnung werden im Rat vorberaten und ohne große Diskussionen verabschiedet. Jeder unbescholtene Bürger hat das Recht, Vorschläge zu machen, die der „Rat der 500" der Volksversammlung vorlegen muss. Tatsächlich ergreifen einfache Handwerker wie Schmiede, Zimmerleute oder Krämer, Schiffseigner, Kleinbauern und Großgrundbesitzer das Wort. In politischen Fragen darf jeder Teilnehmer der Volksversammlung mitreden.

Anleitung zu einem Rollenspiel

Stellt euch folgende Situation vor:

Wir befinden uns im Jahre 445 v. Chr. in Athen. Es ist Frühjahr, und gerade ist ein Handelsschiff im Hafen von Athen angekommen. Einer der Passagiere, der Kaufmann Gorgyros aus Kreta, trifft sich mit dem attischen Kaufmann Sosias.

Zufällig ist es der Tag, an dem die Volksversammlung getagt hat. Gorgyros will hierüber mehr erfahren und er lässt sich genau erklären, wie und von wem denn Athen eigentlich regiert wird. Dazu stellt er Sosias eine Menge Fragen. Aber er fragt nicht nur seinen Geschäftsfreund Sosias. Im Hause des Kaufmannes Sosias trifft Gorgyros noch weitere Personen:

- Aspasia, die Ehefrau des Kaufmannes Sosias
- Dromon, einen der Sklaven des Sosias, der im Haushalt arbeiten muss und
- Melesios, einen Metöken, der gelegentlich bei Sosias Einkäufe macht.

Das Rollenspiel:

Bildet fünf Gruppen. Überlegt zunächst, welche Fragen Gorgyros dem attischen Kaufmann Sosias stellen könnte, um etwas über die Demokratie in Athen und die Regierung zu erfahren. Hier sind einige Beispiele:

- Wer regiert Athen?
- Was ist die Volksversammlung?
- Warum soll jeder Bürger an der Versammlung teilnehmen?
- Ist es nicht schlecht für das Geschäft, wenn die Bürger einen ganzen Tag bei der Volksversammlung zubringen?
- Gibt es überhaupt eine Möglichkeit, den Ablauf einer Volksversammlung zu beeinflussen?
- Kann man die Themen, die einen interessieren, überhaupt zur Sprache bringen?
- Ist überhaupt jeder Bürger fähig, vor so vielen Leuten seine Meinung zu formulieren?

An Aspasia, die Frau des Sosias, an den Sklaven Dromon, aber auch an den Metöken Melesios stellt Sosias zusätzlich andere Fragen. Formuliert auch diese und vergesst nicht, euch hierzu Antworten zu überlegen.

Aufgaben

Demokratie im antiken Athen – Ein Rollenspiel

1. Gestaltet ein Gespräch, in dem die genannten Personen auf die Fragen des fremden Kaufmannes Gorgyros Antwort geben.

Demokratie heute – Beispiel Schule

2. Die Bundesrepublik Deutschland ist ein demokratischer Rechtsstaat, in dem die Mitbestimmung der Bürger in vielen Bereichen gesetzlich verankert ist. Informiere dich über die Möglichkeiten demokratischer Mitbestimmung in der Schule.

Athen erringt die Seeherrschaft

Das Perserreich – eine Gewaltherrschaft?

In älteren Geschichtsbüchern wird das persische Reich oft als Gewaltherrschaft, als Despotie dargestellt. Geführt von einem König und regiert von bestechlichen Beamten galt das persische Reich als Feind der Hellenen und jeder zivilisierten Kultur. Dieses Bild gab jedoch nur die Sichtweise der antiken griechischen Zeugnisse wieder. Heute vermittelt die Geschichtswissenschaft ein anderes Bild von Persien.

Das Perserreich wurde im 6. Jahrhundert v. Chr. von Kyros begründet. Sein Grabmal steht heute noch im Iran. Er unterwarf viele Gebiete, sodass das Perserreich von Europa bis nach Indien reichte. Persien war dabei der Mittler alter Hochkulturen, wie sich heute noch an den Resten von Straßen, Kanalsystemen und Handelsrouten ablesen lässt. Es war ein vielfältiges Großreich, das die Kulturen der Unterworfenen meist bestehen ließ und sich auf Abgaben beschränkte.

Der erste persische Angriff scheitert

Ende des 6. Jahrhunderts waren auch die griechischen Städte an der Küste Kleinasiens nach der Eroberung durch Kyros unter persische Herrschaft gekommen.

Im Jahr 500 v. Chr. versuchten sie sich durch einen Aufstand zu befreien. Die Zerstörung Milets durch die Perser 494 v. Chr. setzte dem Aufbegehren allerdings ein gewaltsames Ende. Zudem plante der Großkönig Dareios nach diesen Ereignissen in Kleinasien die Unterwerfung von ganz Griechenland, vor allem aber von Athen, das die Aufständischen unterstützt hatte.

Zunächst zwang er Makedonien unter seine Herrschaft und verlangte die förmliche Unterwerfung aller griechischen Poleis. Als Athen und Sparta diese verweigerten, landete ein persisches Heer an der attischen Küste. In der Schlacht von Marathon 490 v. Chr. siegten die attischen Hopliten. Ein Bote soll die Nachricht vom Sieg nach Athen gebracht haben und danach tot zusammengebrochen sein. Der Marathonlauf ist nach diesem Ereignis benannt.

M 1 **Ein persischer Krieger**
Die Kämpfer trugen einen geflochtenen, lederüberzogenen Schild, eine Lanze, einen Dolch sowie einen metallenen Schuppenpanzer unter dem Überwurf, Rekonstruktion.

M 2

Griechenland und das Perserreich um 500 v. Chr.

- Perserreich
- Makedonien (persischer Vasallenstaat)
- gegen Persien verbündete griechische Staaten
- Königsstraße

M 3 Ein Perserkönig

Der König auf dem Thron beim Kriegsrat, Figuren der sogenannten Perservase von Canosa, Original um 330 v. Chr.

Griechenland bleibt unabhängig

Nach dieser Niederlage nahm Xerxes, der Sohn des Dareios, den Plan wieder auf, Griechenland in das Perserreich einzugliedern. 480 v. Chr. stießen ein persisches Heer und eine persische Flotte nach Griechenland vor. Diese Streitmacht wird auf bis zu 150 000 Soldaten und etwa 1000 Schiffe geschätzt. Doch Athen war nicht untätig geblieben: Unter Themistokles hatten die Athener 200 Kriegsschiffe, sogenannte Trieren, gebaut. Zudem hatten sich Athen, Sparta, Korinth und weitere Poleis zum sogenannten Hellenenbund zusammengeschlossen.

Die Perser konnten das griechische Landheer unter dem spartanischen König Leonidas am Thermopylenpass zunächst schlagen. Attika wurde daraufhin besetzt und Athen zerstört. Die Bevölkerung Athens war jedoch auf die Insel Salamis vor der attischen Küste geflüchtet. In der Bucht von Salamis kam es dann zwischen der persischen und der griechischen Flotte zur entscheidenden Seeschlacht. Die wendigen attischen Trieren behielten die Oberhand, und der größte Teil der persischen Flotte wurde versenkt. Xerxes musste vom Ufer aus der Niederlage hilflos zusehen und mit seinem Heer den Rückzug nach Persien antreten. Die Reste des persischen Heeres wurden schließlich 479 v. Chr. bei Platää von den Spartanern und ihren Verbündeten besiegt.

Der attische Seebund

Trotz dieser Siege blieb die Gefahr eines militärischen Eingreifens der Perser bestehen. Zum Schutz der griechischen Poleis in Kleinasien wurde 477 v. Chr. der attische Seebund gegründet. Unter der Führung Athens vertrieb der Seebund die Perser aus ihren europäischen Stützpunkten. Da sich Sparta zurückhielt, besaß Athen im Bündnis die Vorherrschaft und verwaltete die Beiträge der Bündnispartner. Bundesgenossen, die aus dem Seebund ausscheiden wollten, wurden von Athen mit militärischer Gewalt daran gehindert.

Der attische Seebund stellte die bisherige Stellung Spartas in Griechenland infrage, sodass der Gegensatz der beiden mächtigsten Poleis Athen und Sparta verstärkt wurde.

Im Jahr 449 v. Chr. schloss Athen mit Persien einen Kompromissfrieden. Die Perser sicherten zu, nicht mehr in die Ägäis einzudringen. Athen versprach, keine Unternehmungen gegen die Perser in Ägypten und auf Zypern durchzuführen. Der Seebund wurde von Persien anerkannt, und die Ostgriechen in Kleinasien behielten ihr Recht auf Selbstverwaltung.

Die Flucht der Athener – Eine schriftliche Quelle auswerten

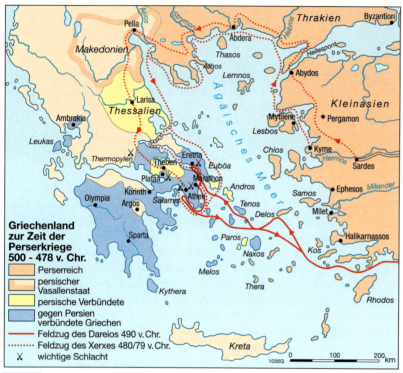

Griechenland zur Zeit der Perserkriege 500 – 478 v. Chr.
- Perserreich
- persischer Vasallenstaat
- persische Verbündete
- gegen Persien verbündete Griechen
- —— Feldzug des Dareios 490 v. Chr.
- ······ Feldzug des Xerxes 480/79 v. Chr.
- ✗ wichtige Schlacht

M 4

M 5 **Die Flucht der Athener**

Nach dem Sieg der Perser bei den Thermopylen war Athen dem persischen Heer schutzlos ausgeliefert. Die Reaktion der Athener schildert Plutarch in seiner Biographie des Themistokles:

Inzwischen fiel Xerxes vom Gebirge her [...] in die Phokis [Gebiet in Griechenland] ein. Obwohl er die phokischen Städte in Brand steckte, rührten die Griechen doch keinen Finger zur Hilfe, auch nicht,
5 als die Athener sie an ihre Verdienste zur See [...] erinnerten und baten, man möge, um Attika zu decken, den Feind in Boiotien erwarten. Niemand hörte auf sie, man dachte nur an die Peloponnes und wollte alle Streitkräfte dort zusammenziehen,
10 [...] da ergriff wilder Zorn über den schmählichen Verrat die Athener, mutlos und niedergeschlagen sahen sie sich von den übrigen Griechen verlassen. Konnten sie doch nicht daran denken, allein den Kampf gegen Zehntausende aufzunehmen. Das
15 einzige Mittel, das ihnen allein in ihrer schlimmen Lage als zwingende Notwendigkeit übrig blieb, nämlich die Stadt preiszugeben und sich auf die Schiffe zu retten, verwarfen die meisten mit Unwillen. Sie wollten keinen Sieg und brauchten

keine Rettung, wenn sie die Tempel 20 und die Gräber der Vorfahren dem Feind preisgeben mussten.
Da gab Themistokles es auf, mit menschlichen Gründen die Masse zu überzeugen: Den Dichtern im Thea- 25 ter gleich setzte er die Göttermaschine in Bewegung und nahm seine Zuflucht zu Götterzeichen und Orakelsprüchen. So deutete er es als böses Vorzeichen, dass die heilige 30 Schlange in jenen Tagen aus ihrem Gehege auf der Akropolis verschwunden zu sein schien; die Priester fanden die Speise, die sie ihr täglich vorsetzten, unberührt und 35 erzählten der Menge mit Themistokles' Worten, die Göttin habe die Stadt verlassen und weise ihnen den Weg nach dem Meer. [...]
Er setzte sich schließlich durch und 40 stellte den Antrag: „Die Athener empfehlen ihre Stadt der Obhut ihrer Schutzgöttin Athene; Dienstpflichtige begeben sich auf die Schiffe, Kinder, Frauen und Sklaven retten sich, wie sie können." 45 Der Antrag wurde angenommen. [...]
Als so die ganze Stadt aufs Meer hinausfuhr, überfiel sie gewaltiger Jammer bei diesem Schauspiel, andere staunten über den kühnen Mut der Athener, die ihre Familie am fremden Ort unterbrach- 50 ten und dann ungerührt von den tränenreichen Klagen und Umarmungen ihrer Eltern nach Salamis hinüberfuhren. Voll Mitleid gedachte man aber der Athener, die man wegen ihres hohen Alters in der Stadt zurücklassen musste. Und zu 55 Tränen rührten die zahmen Haustiere, die ihren Herren heulend und winselnd bis an die Schiffe nachliefen. So erzählt man von dem Hund, der Perikles` Vater Xanthippos gehörte: Er habe sich von seinem Herrn nicht trennen wollen, sei ins 60 Wasser gesprungen und neben dem Schiff hergeschwommen. Als er aber die Insel erreicht hatte, fiel er infolge der Überanstrengung tot zu Boden. Man zeigt dort noch heute eine Stelle mit dem Namen Kynossema, wo er begraben sein soll. 65

Plutarch, Themistokles, übers. u. hrsg. von Wihelm Ax, Stuttgart 1996, S. 10 f.

Das Bild der Perser – Zwei Darstellungen vergleichen

M 6 Zwei Darstellungen

In der Darstellung der militärischen Leistungen der Perser spiegeln sich verschiedene Einschätzungen wider:

a) In einem Schulbuch von 1950 stand Folgendes:

Im Jahre 480, zehn Jahre nach der Schlacht bei Marathon, erhielten die Griechen die Kunde, dass die Perser von Neuem heranrückten. Diesmal hatte sich der König selbst an die Spitze des Heeres gesetzt […]. Über 40 Völkerschaften und Stämme, von denen keiner die Sprache des Nachbarn verstand, waren in ihm zusammengefasst. Einige hatten kostbare Waffen, die Leibgarde des Königs z. B., die 10000 „Unsterblichen", führten mannshohe Bögen und schwere Lanzen mit sich und zeichneten sich überdies durch prachtvolle bunte Gewänder aus. Andere dagegen waren nur in dünne Tücher gehüllt; wieder andere hatten die Haut eines Pferdekopfes übergestülpt, sodass Ohren und Mähne drohend von ihrem Haupt herunternickten. Die Äthiopier aus dem südlichen Ägypten hatten sich zur Hälfte weiß, zur Hälfte rot angestrichen. Viele trugen nur Schleuder und Lasso – es war ein wirres Gewimmel, in welchem nur die unbarmherzigen Peitschen der heimischen Anführer Ordnung hielten.

Wege der Völker. Geschichtsbuch für deutsche Schulen, von W. Hoffmann und G. Schulz, Berlin/Hannover/Frankfurt a. M. 1950, S. 81.

b) Paul Rohrbach schrieb 1914 in seiner „Geschichte der Menschheit":

Seit Delbrücks Forschungen[1] über die Perserkriege sehen wir uns aber genötigt, die Gesamtheit der Vorstellungen, die von den Tagen Herodots bis auf die Gegenwart über die kriegsgeschichtliche Seite jenes weltgeschichtlichen Kampfes geherrscht haben, von Grund auf zu revidieren. Nichts ist irrtümlicher als der landläufige Glaube, die persischen Heere hätten aus unermesslichen Scharen wenig kriegstüchtiger Barbaren bestanden, und die Griechen seien Sieger über eine unendlich stärkere Masse geblieben. […]
Ebensowenig bestand das Perserheer aus undisziplinierten Massen, die mit Schlägen zum Kampf getrieben werden mussten, sondern es waren auserlesene Truppen: die iranische Ritterschaft und kampfgewohntes Fußvolk, ausgerüstet mit den Nationalwaffen der Perser, Wurfspeer und Bogen. Mit dieser Rüstung hatten die Perser Asien erobert. Sie hielt aber nicht stand gegen die in Erz gepanzerte, im Gleichschritt mit Schild, Stoßlanze und Schwert herankommende Schlachtreihe der Hopliten.

1 Hans Delbrück (1848–1929): Historiker, Publizist und Politiker

Paul Rohrbach, Die Geschichte der Menschheit, Königstein im Taunus/Leipzig 1914, S. 78 f.

Aufgaben

1. **Das Perserreich**
   a) Beschreibe anhand der Karte die Ausdehnung des persischen Reiches.
   b) Erläutere wichtige Unterschiede zwischen den Persern und den Griechen.
   c) Beurteile das Machtverhältnis zwischen den griechischen Poleis und Persien.
   → Text, M2

2. **Die Flucht der Athener**
   a) Fasse die Darstellung von Plutarch über die Flucht der Athener zusammen.
   b) Arbeite die Perspektive heraus, aus der Plutarch die Flucht der Athener beschreibt.

   c) Erläutere die Auswirkungen des Krieges auf die Zivilbevölkerung.
   → M5

3. **Das Bild der Perser**
   a) Vergleiche die beiden Geschichtsdarstellungen über das persische Heer.
   b) Analysiere die Haltung der beiden Autoren.
   c) Wähle den Text aus, der dich eher überzeugt. Begründe deine Auswahl.
   → M6

M 1   Eine Rede an die Athener

Im Jahre 431 brach ein Krieg zwischen Athen und Sparta aus, den man den „Peloponnesischen Krieg" nennt. Dieser Krieg zwischen den beiden bedeutendsten griechischen Poleis um die Vorherrschaft dauerte fast 30 Jahre und endete im Jahr 404 schließlich mit dem Sieg Spartas.
Der aus Athen stammende Geschichtsschreiber Thukydides (460–399 v. Chr.) verfasste eine umfangreiche Geschichte dieses Krieges. Für sein Buch sammelte er während des Krieges Material, schrieb es allerdings vermutlich erst nach dem Ende des Krieges nieder:

Im selben Winter begingen die Athener nach der Sitte der Väter das öffentliche Begräbnis der ersten in diesem Krieg Gefallenen. [...] Wenn sie es [das Grab] dann mit Erde zugeschüttet haben,
5 spricht ein von der Stadt gewählter, durch Geist und Ansehen hervorragender Mann auf die Toten eine Lobrede, wie sie ihnen gebührt. [...]
Bei diesen ersten nun wurde Perikles, Xanthippos' Sohn, gewählt zu reden. Und als der Augenblick
10 gekommen war, trat er vom Grab weg auf eine hohe dort errichtete Rednerbühne, um möglichst weithin von der Menge gehört zu werden, und sprach so:
„Wir besitzen eine Verfassung, die keine Nachbil-
15 dung auswärtiger Gesetze ist; viel häufiger dienen wir selbst manchen als Vorbild, als dass wir andere nachahmen. Mit Recht heißt sie Demokratie, weil sie nicht auf wenigen, sondern auf der großen Menge beruht. In eigenen Sachen hat nämlich
20 jeder gleiches Recht mit dem andern, und was die öffentlichen Würden betrifft, so wird nicht bevorzugt, wer einer besonderen Klasse angehört, sondern jeder, je nachdem er in irgendeiner Beziehung Wertschätzung genießt oder tüchtig ist. Der
25 ärmste Bürger wird, wenn er nur dem Staat nützen kann, durch seinen unansehnlichen Stand nicht gehindert, zu Ehren und Würden zu gelangen. In freisinnigem Geiste handeln wir in unseren Staatsangelegenheiten und im täglichen Verkehr,
30 der so leicht gegenseitiges Misstrauen erzeugt. Wir verdenken es dem Nachbarn nicht, wenn er seiner Lust einmal die Zügel schießen lässt und zeigen keinen Ärger, der, wenn er auch keine Strafe nach sich zieht, doch dem Auge wehe tut. Im
35 täglichen Umgang bewegen wir uns also frei von lästiger Strenge und überschreiten doch dem Staate gegenüber die Vorschriften nie. [...] Wir lieben das Schöne, aber ohne Prunksucht; wir

trachten nach geistiger Bildung, lassen uns aber dabei nicht verweichlichen. Reichtum gebrauchen 40 wir als Mittel zum Zweck, nicht um mit ihm zu prahlen. Armut einzugestehen, ist bei uns nicht schimpflich; wohl aber ist es bedenklich, wenn jemand sich nicht aus ihr herauszuarbeiten vermag. Die gleichen Männer widmen sich bei uns 45 persönlichen und öffentlichen Angelegenheiten, und obwohl sie sich verschiedenartig beschäftigen, sind sie doch der staatlichen Angelegenheiten nicht unkundig; denn wer an eben dieser gar keinen Anteil nimmt, den halten wir hier in Athen 50 allein nicht für einen sogenannten ruhigen Bürger, sondern für einen unnützen Menschen. [...] Zusammenfassend sage ich, dass insgesamt unsere Stadt die Schule von Hellas sei. [...] Darum habe ich ja auch so ausführlich von der Stadt geredet, 55 um euch zu zeigen, dass wir nicht für das gleiche kämpfen wie andere, die all das nicht so haben, und um zugleich den Lobspruch auf die, denen meine Rede gilt, durch Beweise zu erhärten. [...]"
So wurden die Toten beigesetzt in diesem Winter, 60 und mit seinem Ende war das erste Jahr dieses Krieges abgelaufen.

Thukydides, Geschichte des Peloponnesischen Krieges, II 35-46 (Zusammenstellung aus versch. Übersetzungen).

M 2   Die Arbeit des Historikers

Thukydides beschreibt in seinem Buch auch seine Arbeitsweise als Historiker:

Was nun in Reden hüben und drüben vorgebracht wurde, [...], davon die wörtliche Genauigkeit wiederzugeben, war schwierig sowohl für mich, wo ich selber zuhörte, wie auch für meine Gewährsleute von anderwärts; nur wie meiner Meinung 5 nach ein jeder in seiner Lage etwa sprechen musste, so stehn die Reden da, in möglichst engem Anschluss an den Gesamtsinn des in Wirklichkeit Gesagten. Was aber tatsächlich geschah in dem Kriege, erlaubte ich mir nicht nach Auskünften 10 des ersten Besten aufzuschreiben, auch nicht nach meinem Dafürhalten, sondern bin Selbsterlebtem und Nachrichten von andern mit aller erreichbaren Genauigkeit bis ins Einzelne nachgegangen. Mühsam war diese Forschung, weil die Zeugen der 15 einzelnen Ereignisse nicht dasselbe über dasselbe aussagten, sondern je nach Gunst oder Gedächtnis.

Thukydides, Geschichte des Peloponnesischen Krieges, 122 (Zusammenstellung aus versch. Übersetzungen).

Umgang mit schriftlichen Quellen

Schriftliche Quellen geben uns Auskunft über frühere Geschehnisse und Zusammenhänge. Bei der Lektüre solcher Quellen kommt es darauf an, die Informationen, die sie enthalten, durch sinnvolle Fragen zu erschließen. Die Grafik soll die zeitlichen Zusammenhänge bei dem vorliegenden Beispiel besser verständlich machen.

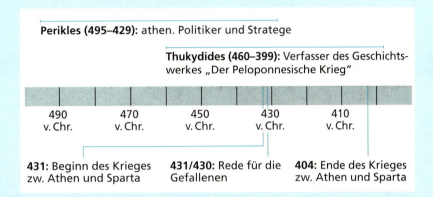

Perikles (495–429): athen. Politiker und Stratege

Thukydides (460–399): Verfasser des Geschichtswerkes „Der Peloponnesische Krieg"

| 490 v. Chr. | 470 v. Chr. | 450 v. Chr. | 430 v. Chr. | 410 v. Chr. |

431: Beginn des Krieges zw. Athen und Sparta

431/430: Rede für die Gefallenen

404: Ende des Krieges zw. Athen und Sparta

M 3   Porträt des Perikles (ca. 495–429 v. Chr.)
Der Helm weist auf das Amt des Strategen hin, er soll aber auch dazu gedient haben, eine Schädeldeformation zu verbergen, Büste aus römischer Zeit.

Thukydides spricht an anderer Stelle seines Werkes von seiner Vorgehensweise und von den Schwierigkeiten, die er als Historiker bei seiner Arbeit hat (M2). Er berichtet in dem Quellenauszug M1 aus seinem Werk „Der Peloponnesische Krieg" zunächst über den Ablauf des öffentlichen Begräbnisses der Gefallenen, anschließend dann von der Rede des Perikles für die Toten.

Fragen an schriftliche Quellen

1. Entstehung der Quelle
- a) Nenne den Verfasser der Quelle.
- b) Ermittle die Entstehungszeit der Quelle.
- c) Bestimme die Quellenart.

2. Aussagen der Quelle
- a) Fasse den Inhalt der Quelle zusammen.
- b) Benenne den Adressaten der Rede.
- c) Bestimme den Zeitpunkt, den Ort sowie den Anlass der Rede.
- d) Erläutere die Absichten des Redners.

3. Glaubwürdigkeit der Quelle
- a) Lege dar, ob der Autor selbst Zeuge der Geschehnisse war.
- b) Arbeite die Quellen heraus, auf die sich Thukydides bei seiner Geschichte des Peloponnesischen Krieges stützt.
- c) Thukydides beschreibt seine Arbeit als Historiker. Erläutere die Ziele und Schwierigkeiten seiner Arbeit.
- d) Bewerte die Glaubwürdigkeit des Autoren. Begründe deine Meinung.

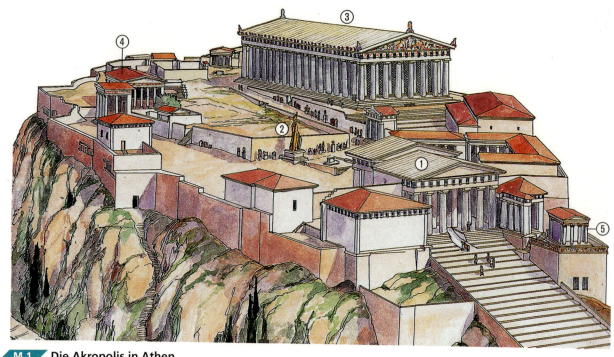

M 1 **Die Akropolis in Athen**

mit den Bauten des 5. und 4. Jahrhunderts v. Chr.: ① Propyläen: Eingangstorhalle. Die Stufen der Treppe waren niedrig, damit auch Opfertiere hinaufkamen ② Bronzestandbild der Göttin Athene als Kriegerin. Die goldene Lanzenspitze soll vom Meer aus sichtbar gewesen sein ③ Parthenon: Tempel der Göttin Athene als Jungfrau. Im Innern das Standbild der Göttin aus Gold und Elfenbein ④ Erechtheion: Tempel des Erechtheus mit der Göttin Athene als Stadtherrin ⑤ Kleiner Tempel der Siegesgöttin Nike.

Leben im antiken Athen

Die Akropolis – Ein Sinnbild der Macht Athens

Die Blütezeit Athens waren die Jahre um 450 v. Chr. So wurde zu der Zeit der alte Burgberg, die Akropolis, die seit fast 30 Jahren eine Ruine war, prachtvoll wieder aufgebaut. Auf Anregung von Perikles, der zu dieser Zeit als Stratege maßgeblich die Politik der Polis bestimmte, entstanden dort eine Reihe von Prachtbauten. Im Mittelpunkt stand der Parthenon, das Heiligtum für Athene, die Schutzgöttin der athenischen Polis. An herausragender Stelle gelegen, verdeutlichten sie dem Besucher der Stadt schon von weitem den politischen Anspruch Athens. Der Marktplatz, die Agora, war das Zentrum der Polis. Auf der Pnyx existierte ein großer Platz für die Volksversammlung mit einer Rednerbühne. Die Baumaßnahmen wurden von den bekanntesten und besten Architekten und Künstlern aus ganz Griechenland ausgeführt.

Wie wohnten die Athener?

Während sich die Historiker in früheren Zeiten vor allem mit dem Wirken großer Persönlichkeiten beschäftigten, steht für den heutigen

Wissenschaftler oft das Leben der normalen Bürger im Mittelpunkt des Interesses. Die Rekonstruktion der privaten Wohnverhältnisse in Athen ist allerdings schwierig, da große Teile des antiken Athen von der modernen Stadt überbaut sind, in der heute Menschen wohnen und die selbst erhaltenswert ist. Bei Ausgrabungen sind zudem von einfachen Wohnhäusern selten mehr als die Fundamente zu finden. Immerhin können Archäologen dadurch den Grundriss der Häuser erkennen.

Neben kleinen Häusern, die nur wenige Zimmer besaßen, sind Doppelhaushälften mit bis zu 15 Zimmern bekannt. Die Häuser in Athen hatten meist einen Innenhof. Im Erdgeschoss gab es Geschäfte oder Werkstätten. Schwieriger ist die Rekonstruktion der oberen Stockwerke und der hölzernen Treppen und Balkone, die nicht erhalten blieben. Lediglich die Pfostenlöcher der Säulen sowie Abbildungen auf Vasen und Reliefs geben hier Anhaltspunkte. Von Ausgrabungen aus anderen griechischen Städten des Altertums ist jedoch bekannt, dass die Zimmer mit farbigem Putz und eingeritztem Ziermauerwerk ausgeschmückt sein konnten.

M 2   Haus in Athen
Haus und Werkstatt eines Bildhauers in Athen, Rekonstruktionszeichnung von Peter Conolly nach archäologischen Funden aus dem 5. Jahrhundert v. Chr.

Das Familienleben

Das politische Leben fand unter freiem Himmel statt, in den Säulenhallen der Agora oder auf der Pnyx. Es war allerdings die Domäne der Männer. Frauen, die sich – wie etwa in Persien üblich – in politische Fragen einmischten, galten in Athen als verdächtig. Das Leben einer Frau in Athen war vor allem auf das Haus beschränkt.

Zu den Pflichten der Ehefrau gehörte es, zu kochen, zu weben und die Kinder zu betreuen. Angesehene Frauen werden das Haus nicht alleine, sondern nur in Begleitung einer Freundin verlassen haben. Das bedeutet, dass die Einschränkungen der Lebenswelt für Frauen aus höheren Schichten größer waren als für Frauen aus der Unterschicht, die an Marktständen Waren verkauften oder Arbeiten nachgingen.

Bei den gesellschaftlichen Zusammenkünften der Männer in den Privathäusern, den sogenannten Symposien, waren Frauen unerwünscht. Männerfreundschaften gehörten zum grundlegenden Bestandteil griechischer Kultur.

Kindheit und Jugend waren bestimmt von dem in Athen üblichen Rollenverständnis der Geschlechter. Nach dem sechsten Lebensjahr blieben die Mädchen im Haus unter der Obhut der Mutter, die ihnen beibrachte, zu kochen, mit der Spindel oder am Webstuhl zu arbeiten. Mädchen aus mittleren und höheren Schichten wurden oft zu Hause von einer Lehrerin sowohl im Lesen und Schreiben als auch im Spiel auf der Lyra, einem Saiteninstrument, unterrichtet. Für die Jungen begann nach dem sechsten Lebensjahr der Unterricht. Die schulischen Unterweisungen endeten mit dem 18. Lebensjahr. Nur Jungen aus armen Familien gingen nicht in die Schule, denn der Unterricht war Privatsache. Wer es sich leisten konnte, schickte seinen Sohn zu einem Paidagogos, einem „Knabenführer", oder zu einem Grammatikos, einem „Schreiblehrer". Zur Ausbildung gehörten auch das Flöten- und Lyraspiel. Die körperliche Ertüchtigung spielte im antiken Griechenland eine wichtige Rolle.

Frauen in Athen – Text- und Bildquellen vergleichen

M 3 Frauenbild

Der griechische Philosoph und Gelehrte Theophrast (372 bis 288 v. Chr.) schreibt über Frauen in Athen Folgendes:

Freilich kann man zur Verwaltung des Hauswesens und zur Ermunterung im Leiden und zur Flucht vor dem Alleinsein eine Frau heiraten. Aber viel besser kann doch ein treuer Sklave die Verwaltung über-
5 nehmen, der dem Machtanspruch des Herrn gehorcht und seine Anweisungen befolgt, als eine Frau, die sich umso mehr als Herrin gefällt, wenn sie etwas gegen den Willen des Mannes tut. Bei einem sitzen, wenn man krank ist, können eher
10 Freunde und Dienerinnen, die durch Wohltaten verpflichtet sind, als sie, die uns die Schuld an ihren Tränen gibt, in der Hoffnung auf die Erbschaft schon ihren alten Kram verkauft und durch das ständige Gerede über ihre Sorgen den Leiden-
15 den innerlich vollends zur Verzweiflung bringt. Falls aber sie selbst leidend wird, muss man mit ihr krank sein und darf niemals von ihrem Bett weichen. Oder wenn es eine gute und angenehme Frau sein sollte – was freilich ein seltener Vogel ist
20 –, dann stöhnen wir mit der Gebärenden und quälen uns mit ihr, wenn sie in Gefahr ist.

Theophrast, übers. v. K. Gaiser, in: Leben im antiken Griechenland, hrsg. v. R. Rilinger, München 1990, S. 195.

M 4 Kritik am Frauenbild

Der griechische Schriftsteller Aristophanes (445 bis 386 v. Chr.) kritisiert in einem Stück das Frauenbild in Athen:

An das Publikum richten wir jetzt das Wort und gedenken uns selber zu loben!
Zwar schimpfen jetzt all' auf das Frauengeschlecht und setzen es schmählich herunter:
Wir seien, so lügt man, der Fluch der Welt und der 5 Urquell alles Verderbens!
Wir gebären nur Hass, Zank, Kummer und Empörung und Krieg! Nun wohlan dann!
Wenn ein Fluch wir sind, warum heiratet ihr, warum, wenn wir wirklich ein Fluch sind? 10
Was verbietet ihr uns auf die Straße zu gehn, ja, nur aus dem Fenster zu gucken?
Was bemüht ihr euch denn so mit ängstlichem Fleiß zu hüten den Fluch und zu halten?

Die Weiber am Thesmophorenfest, Komödie von Aristophanes, in: Leben im antiken Griechenland, hrsg. v. R. Rilinger, München 1990, S. 222.

M 5 Das Wasserholen galt als Frauenarbeit
Vasenmalerei auf einer schwarzfigurigen Vase, Ende des 6. Jahrhunderts v. Chr.

Perikles und das Bauprogramm in Athen – Ein Historiengemälde analysieren

M 6   **Perikles auf der Rednertribüne vor der Volksversammlung**

Das Gemälde des deutschen Historienmalers Philipp von Foltz von 1852 zeigt eine stark romantisierende Sicht auf das „Perikleische Zeitalter", indem es Perikles zum alles überragenden Redner und Politiker verklärt. Auf dem Bild setzt er sich wahrscheinlich gegen seine Gegner (Kleon mit Anhang) durch, die das dem Perikles zugeschriebene Bauprogramm auf der Akropolis angreifen.

Aufgaben

1. **Die Bedeutung der Akropolis**
   a) Erkläre die Funktionen der Bauten auf der Akropolis.
   b) Informiere dich über Bauten der Gegenwart, die eine ähnliche Aufgabe haben.
   → Text, M1

2. **Frauen in Athen**
   a) Fasse die Informationen über die Rolle der Frauen in Athen zusammen.
   b) Vergleiche die Frauenbilder von Theophrast und Aristophanes.
   → Text, M3–M5

3. **Ein Historiengemälde analysieren**
   a) Beschreibe die einzelnen Elemente des Historiengemäldes. Informiere dich dafür im Lehrbuchtext über den Ort der Handlung.
   b) Perikles wird auf dem Gemälde „zum alles überragenden Redner und Politiker verklärt". Finde dafür vier Belege im Bild.
   c) Beurteile, ob es sich bei dem Gemälde um eine wirklichkeitsgetreue Abbildung handelt. Begründe deine Meinung.
   → Text, M6

M 1 **Spartas Staatsgebiet**
auf der griechischen Peloponnes
und die Städte der Umgebung

M 2 **Spartanischer Krieger**
in einen Umhang gehüllt, Bronze-
figur, um 500 v. Chr.

Sparta – Polis der Krieger

„Wanderer, kommst du nach Sparta …"

Sparta hat die Menschen bis in die moderne Zeit hinein immer wieder interessiert. Das hat damit zu tun, dass sich das gesellschaftliche Leben in Sparta von dem anderer griechischer Poleis – zum Beispiel Athen – in vielerlei Hinsicht stark unterschied.

Das Besondere der spartanischen Lebensform lässt sich vielleicht am Besten an einer kleinen Geschichte zeigen, die uns der griechische Historiker Herodot in seinem Geschichtswerk über die Perserkriege erzählt. Der berühmte Spartanerkönig Leonidas zeichnete sich im Kampf gegen die Perser durch so große Disziplin und Tapferkeit aus, dass er sogar den eigenen Tod wie selbstverständlich in Kauf nahm. Was war passiert?

Im Jahr 480 v. Chr. zog ein riesiges persisches Heer unter dem König Xerxes gegen Griechenland, um das ganze Land zu erobern. In Mittelgriechenland an den Thermopylen, einem schmalen Engpass zwischen den Bergen und dem Meer, hatten die Griechen den Landweg abgeriegelt. Es kam zu erbitterten Kämpfen, denn diesen Engpass hatte eine kleine griechische Abteilung von 300 Mann unter Führung des Spartaners Leonidas zunächst erfolgreich gegen die persische Übermacht verteidigt. Obwohl sie verraten wurden und alle Spartaner den Tod fanden, gelang es ihnen doch das persische Heer so lange aufzuhalten, dass sich die übrigen Griechen neu formieren konnten. Diese Taktik führte schließlich zum Sieg über die Perser und zur Bewahrung der Unabhängigkeit Griechenlands.

Zur Geschichte der Polis Sparta

Die todesmutige Tapferkeit der Spartaner, die uns Herodot schildert, hat mit der Geschichte Spartas zu tun. Die Spartaner zählten zu den Stämmen, die als letzte nach Griechenland einwanderten. Sie eroberten das Tal des Eurotas auf der Halbinsel Peloponnes und gründeten etwa um 900 v. Chr. Sparta. Zu den Vollbürgern zählten nur die spartanischen Eroberer, die in der Hauptstadt Sparta wohnten. Alle übrigen Spartaner, die sich an den Küsten und in den Bergen niedergelassen hatten, galten als „Perioken" (= Umwohner). Sie hatten kein politisches Mitspracherecht, waren aber persönlich frei.

Anfangs lebten die Spartaner – wie alle Griechen – friedlich als Bauern. Aber die Bevölkerung nahm zu und das griechische Land war karg. Es kam daher zu Not. Die Spartaner taten nun einen Schritt, der ihr ganzes Staatswesen nachhaltig prägte. Sie verließen nicht wie andere Griechen ihre Heimat, sondern überwanden auf der Suche nach neuem, fruchtbaren Land das Taygetos-Gebirge und eroberten 735 v. Chr. die benachbarte Landschaft Messenien.

Den spartanischen Schwerbewaffneten, den Hopliten, kam eine neue Kampftechnik zu Hilfe, die sie entwickelt hatten: die Phalanx. Darunter versteht man die geschlossene, aus mehreren Gliedern bestehende Schlachtordnung der schwer bewaffneten Fußsoldaten. Sie rückten wie eine Walze gegen den Feind vor.

Die Eroberung Messeniens diente ursprünglich nur dazu, die Landnot im Heimatland Lakonien zu beheben. Der Kriegszug hatte jedoch,

M 3 **Rückkehr vom Kampf**
Spartanische Krieger tragen einen
Toten, Vasenbild, 6. Jh. v. Chr.

für Sparta unabsehbare Folgen. Denn die Spartaner eroberten nicht nur Messenien, sondern machten die einheimische Bevölkerung zu rechtlosen Arbeitssklaven, zu Heloten. Sparta befand sich fortan aus Angst vor Helotenaufständen in ständigem Kriegszustand. Alles zielte darauf ab, die Polis in dauernder Wehr- und Kriegsbereitschaft zu halten.

Wie bedrohlich die Situation war, zeigen die Bevölkerungszahlen, die sich heute allerdings nur noch schätzen lassen: Auf 8 000 bis 10 000 Spartaner zur Zeit der Perserkriege kamen etwa 150 000 bis 200 000 Periöken und versklavte Heloten.

Erziehung und Ausbildung in Sparta

Die Eroberung Messeniens und die damit einhergehende Unterdrückung der einheimischen Bevölkerung hatte für das politisch-soziale Leben in Sparta weitreichende Folgen. Sie konnten nur gemeistert werden, wenn das gesamte gesellschaftliche Leben auf Krieg, Kampf, Disziplin und Wehrbereitschaft abgestellt wurde.

Das begann mit der Ausbildung und Erziehung der Jugendlichen, die sich wesentlich von unserer modernen Erziehung unterschied. Das Erziehungssystem war streng und kompromisslos. Nicht die Entwicklung von Freiheit, Eigenständigkeit und Verantwortlichkeit, sondern allein die Unterordnung und die Anpassung an das Gemeinwesen zählte. Schon von Kind auf zu militärischer Tüchtigkeit und unbedingtem Gehorsam erzogen, führten junge Spartaner ohne sonstige berufliche Betätigung ein Leben „wie in einem Feldlager", wie es der antike Autor Plutarch genannt hat.

Alle männlichen spartanischen Vollbürger waren Berufssoldaten. Sie standen ständig bereit, ihr Leben im Dienst der Gemeinschaft einzusetzen. Wenn Leonidas und seine 300 Gefährten an den Thermopylen im Kampf bis zum Tode ausharrten, so beruhte das auf der harten Erziehung, die sie in Sparta erfahren hatten.

M 4 **Der Spartanerkönig
Leonidas an den Thermopylen**
Bild aus einem Comic, 1999

119

Die Schlacht bei den Thermopylen – Arbeiten mit unterschiedlichen Materialien

M 5 **Die Schlacht bei den Thermopylen**

Der griechische Historiker Herodot (etwa 484 bis 430 v. Chr.) berichtet, wie Leonidas an den Thermopylen im Kampf gegen die Perser fällt:

Und nun rückten also die Barbaren um Xerxes an, und die Hellenen um Leonidas gingen jetzt, wo sie zum Tode ausrückten, viel weiter vor als zu Anfang, bis dahin, wo sich die Enge zum breiten
5 Gelände öffnet. [...]
Nun aber kamen sie außerhalb der Enge aneinander, und es fiel eine große Zahl Barbaren; denn hinten standen die Führer der Abteilungen, in der Hand die Geißel, schlugen auf jeden ein und trie-
10 ben sie immer wieder voran. Viele von ihnen stürzten auch ins Meer und kamen dort um, noch viel mehr aber wurden lebendigen Leibes von andern zertrampelt. Das Ausmaß der Vernichtung übertraf jede Vorstellung. Denn weil die Hellenen wussten, dass der Tod ihnen gewiss war durch die, 15 welche den Berg umgingen, rafften sie all ihre Kräfte zusammen und setzten sie gegen die Barbaren ein, schonungslos und wie rasend. Und nun waren mit der Zeit den meisten ihre Lanzen schon zerbrochen, sie aber brachten die Perser mit den 20 Schwertern um. Und Leonidas fällt in diesem Getümmel als ein Mann von höchster Tapferkeit und mit ihm weitere namhafte Spartiaten, deren Namen ich [Herodot], da sie es verdienen, erkundet habe. 25

Herodot, Historien VII, 223 f., in: Herodot, Historien VI–IX, übers. von Walter Marg (Bibliothek der Antike, hrsg. von Manfred Fuhrmann), München 1991, S. 174.

M 6 **Leonidas an den Thermopylen,** Gemälde von Jacques-Louis David, 1813

Der Kriegerstaat Sparta – Schriftliche Quellen auswerten

M 7 **Leben wie in einem Feldlager**

Der griechische Geschichtsschreiber Plutarch (ca. 45 bis 120 n. Chr.) schrieb eine Biografie über den sagenhaften spartanischen Gesetzgeber Lykurg. Dort berichtet Plutarch Folgendes über die Gesellschaftsordnung in Sparta:

Die Zucht erstreckte sich bis auf die Erwachsenen. Keinem stand es frei zu leben, wie er wollte, sondern sie lebten in der Stadt wie in einem Feldlager nach strengen Vorschriften für all ihr Verhalten
5 und ihre Beschäftigung in der Öffentlichkeit, und überhaupt glaubten sie nicht sich, sondern dem Vaterlande zu gehören. [...]
Dies war ja einer der großen und beneidenswerten Vorteile, die Lykurg seinen Mitbürgern ver-
10 schafft hatte: die reichliche Muße, da es ihnen nicht gestattet war, irgendein niederes Gewerbe zu betreiben, und sie sich überhaupt nicht mit Gelderwerb und mühseligen Geschäften zu befassen brauchten, weil Reichtum ganz verächtlich
15 und wertlos geworden war. Die Heloten bearbeiteten für sie das Land und lieferten die vorgeschriebene Abgabe. [...]
Übrigens verschwanden zugleich mit dem Gelde auch die Prozesse, da es bei ihnen keine Habsucht und keine Armut mehr gab, sondern Gleichheit im 20 Wohlstand und Unbeschwertheit in aller Einfachheit hergestellt war.

Plutarch, Lykurg 24, in: Große Griechen und Römer, Bd. 1, eingeleitet und übersetzt von Konrat Ziegler, Zürich – Stuttgart 1954, S. 156 f.

M 8 **Grausamkeiten**

Zur Behandlung der Heloten schreibt Plutarch:

Von Zeit zu Zeit schickten die Oberen die gewandtesten jungen Leute überall aufs Land hinaus, versehen mit Schwertern und den notwendigen Nahrungsmitteln, sonst nichts. Am Tage verstreuten
5 sie sich, hielten sich an schwer auffindbaren Orten verborgen und ruhten aus, bei Nacht gingen sie auf die Straßen und töteten jeden Heloten, dessen sie habhaft wurden. Oft auch gingen sie über die Felder und erschlugen die stärksten und tüchtigs-
10 ten von ihnen. [...]
Ich [Plutarch] glaube jedoch, dass derartige Grausamkeiten erst später bei den Spartanern aufgekommen sind.

Plutarch, Lykurg 28, ebd. S. 161 f.

Aufgaben

1. Das Alltagsleben in Sparta
a) Tragt Werte, die eurer Meinung nach eine moderne Kindererziehung ausmachen, zusammen und vergleicht sie mit dem Erziehungsideal in Sparta.
b) Führt ein Streitgespräch zwischen zwei Spartanern zu der Frage, inwieweit die Erziehung der Kinder geändert werden sollte.
c) Erläutere die Situation der Heloten in Sparta.
d) Erkläre wichtige Unterschiede zwischen den Poleis Athen und Sparta.
→ Text, M7, M8

2. Sparta während der Perserkriege
a) Die Führer der persischen Abteilungen schlugen mit Geißeln auf die persischen Soldaten ein. Erkläre die Gründe dafür.
b) Vergleiche die bildlichen Darstellungen der Schlacht an den Thermopylen. Arbeite Gemeinsamkeiten und Unterschiede heraus.
→ M4–M6

M 1 **Alexander der Große**
Ausschnitt aus einem römischen
Mosaik in Pompeji, 2. Jh. v. Chr.
(heute im Nationalmuseum Neapel)

Alexander, den sie den „Großen" nannten

Der Aufstieg Makedoniens

Im 5. Jahrhundert v. Chr. war es zwischen Athen und Sparta zu Spannungen gekommen, die sich im Peloponnesischen Krieg (431–404 v. Chr.) entluden. Dies schwächte die Macht der griechischen Stadtstaaten und ermöglichte ein halbes Jahrhundert später den Aufstieg Makedoniens.

Nachdem König Philipp II. seine Herrschaft im Inneren durchgesetzt hatte, machte er Makedonien zur stärksten Militärmacht in Griechenland. Der Adel stellte die Reiterei und kämpfte gemeinsam mit den Bauern, die das Fußvolk in der mit langen Lanzen ausgerüsteten Phalanx bildeten. Söldner ergänzten die heimischen Truppen. Geleitet wurde die Armee durch Generäle, die dem König durch Treueide besonders verpflichtet waren.

Ein ausgedehnter Eroberungszug

Als Philipp II. 336 v. Chr. von einem Adeligen ermordet wurde, übernahm sein 20-jähriger Sohn Alexander die Herrschaft, der zunächst zahlreiche Rivalen beseitigte. Zudem wurde in seinem Auftrag die griechische Stadt Theben zerstört und deren Bevölkerung versklavt, da diese Stadt den Herrscherwechsel zum Aufstand genutzt hatte.

Alexander widmete sich schnell dem Feldzug gegen Persien. 334 v. Chr. überschritt sein Heer den Hellespont. Vom Schiff aus warf Alexander einen Speer an Land und erklärte symbolisch alles mit dem Speer erworbene Land für sein Eigentum.

M 2

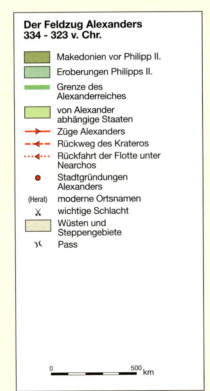

**Der Feldzug Alexanders
334 - 323 v. Chr.**

- Makedonien vor Philipp II.
- Eroberungen Philipps II.
- Grenze des Alexanderreiches
- von Alexander abhängige Staaten
- → Züge Alexanders
- ← Rückweg des Krateros
- ←···· Rückfahrt der Flotte unter Nearchos
- ● Stadtgründungen Alexanders
- (Herat) moderne Ortsnamen
- ✕ wichtige Schlacht
- Wüsten und Steppengebiete
-)(Pass

0   500 km

M 3 **Das Bild Alexanders** auf einer Münze. Die Widderhörner sind das Zeichen des ägyptischen Gottes Ammon, den die Griechen mit Zeus gleichsetzten, Münze, um 280 v. Chr.

Nach dem Sieg am Flüsschen Granikos gliederte Alexander die griechischen Städte Kleinasiens in seine Herrschaft ein – teilweise auch gegen deren Willen.

In Gordion bezog Alexander Winterquartier. Dort war am Joch eines heiligen Wagens ein unlösbarer Knoten befestigt, von dem es hieß, dass derjenige Herrscher von Asien würde, der ihn lösen könnte. Alexander soll kurz entschlossen den Knoten mit einem Schwerthieb zerschnitten haben, um seinem Herrschaftsanspruch Geltung zu verleihen.

Seinem Ziel kam Alexander in der Schlacht bei Issos 333 v. Chr. sehr nahe, als er das vom persischen König geleitete Heer schlug. Ägypten fiel Alexander kampflos in die Hände. Eine Expedition, in deren Verlauf er die neue Hafenstadt Alexandria gründete, führte ihn in die Oase Siwa. Hier scheint er durch das Orakel des von den Griechen mit Zeus gleichgesetzten Ammon in seiner göttlichen Mission bestärkt worden zu sein.

331 v. Chr. rückte Alexander nach Mesopotamien vor und besiegte bei Gaugamela erneut Dareios. Dieser floh nach Medien, während sich Alexander zum König von Asien ausrufen ließ. Die schutzlosen Residenzen des Großkönigs Babylon, Susa, Persepolis und Ekbatana fielen Alexander in die Hände.

Der Palast des Großkönigs in Persepolis wurde als Racheakt für die Zerstörungen der Perserkriege niedergebrannt. Die Beute war unermesslich. Allein der Königsschatz soll einen Umfang von 4500 Tonnen Gold gehabt haben, von dem Alexander Münzen prägen ließ.

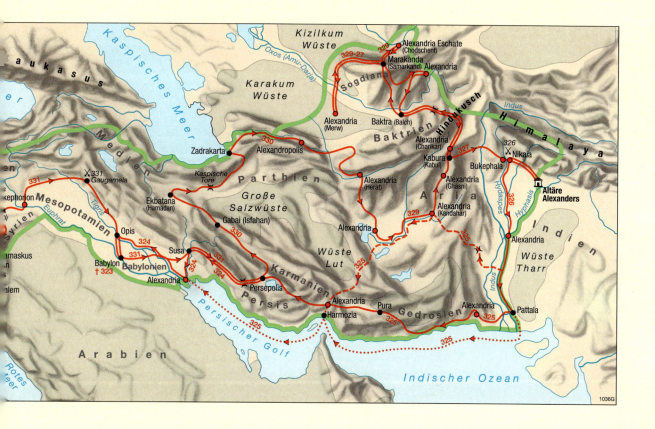

Um aber Persien beherrschen zu können, musste Alexander die Formen des persischen Königtums übernehmen. Er trat in persischer Königstracht auf, verlangte von seinen Untergebenen nach persischer Sitte den Fußfall und stellte Perser ins Heer ein. Das trug ihm Konflikte mit Makedonen ein. Mit Todesurteilen selbst gegen altgediente Getreue, aber auch mit Zugeständnissen stellte er die notwendige Ruhe wieder her, um auch die östlichen Teile Persiens zu unterwerfen.

Dies gelang ihm in seinem Feldzug in den Jahren 329 und 328 v. Chr. 327 heiratete er Roxane, die Tochter eines einheimischen Adeligen. Diese Heirat entsprach – neben der persönlichen Zuneigung – seinem politischen Programm, die persische Oberschicht an sich zu binden. Weitere Ziele gewannen für Alexander von nun an Bedeutung: die Entdeckung der Grenzen des bewohnten Teils der Landmassen und die Errichtung eines wahren Weltreiches.

Deshalb unternahm er 327 v. Chr. einen Indienfeldzug, auf dem sein Heer, vom Marsch über 18 000 Kilometer und vom Monsunregen erschöpft, meuterte. Schließlich fuhr er mit einer neu erbauten Flotte bis zur Mündung des Indus. Dort glaubte er, das Weltmeer erreicht zu haben.

Die Rückkehr erfolgte in den Jahren 325/24 v. Chr. Die Flotte unter Nearchos sollte den Seeweg zum Euphrat erkunden. Alexander selbst führte den Kern des Heeres auf mühevollem und verlustreichem Weg durch die Wüste Gedrosiens. 324 v. Chr. war Alexander wieder in Susa. Dort heiratete er nach persischem Brauch zwei einheimische Prinzessinnen. Er riet den Makedonen, seinem Vorbild nachzukommen, um ein einheitliches Volk zu bilden. Während er eine Arabien-

M 4 **Alexandermosaik**

Dieses berühmte Mosaik zeigt die entscheidende Szene aus der Schlacht bei Gaugamela. In der Mitte der Perserkönig Dareios, links außen Alexander der Große. Das in Pompeji gefundene Mosaik entstand nach einer griechischen Vorlage aus dem 3. Jahrhundert v. Chr.

Alexander der Große
Ägyptische Skulptur, vermutlich
2. Jh. v. Chr.

expedition vorbereitete, um sein Reich zu festigen, starb Alexander 323 v. Chr. erst 33-jährig in Babylon an einer Fieberkrankheit.

Griechen und Perser begegnen sich

Schon um sein neues Reich regieren zu können, sah sich Alexander gezwungen, religiöse und politische Vorstellungen der unterworfenen Völker aufzugreifen. So übernahm er zum Beispiel verschiedene Elemente des persischen Hofzeremoniells oder ließ sich in Ägypten zum Pharao krönen. Andererseits versuchte er vor allem durch die Neugründung zahlreicher Städte, in denen er Griechen ansiedelte, seine Macht zu sichern und die griechische Kultur zu verbreiten. Dies verlief nicht immer ohne Konflikte.

Die Entstehung der hellenistischen Staatenwelt

Nach dem frühen Tod Alexanders 323 v. Chr. entbrannten unter seinen führenden Offizieren langjährige Kämpfe um die Nachfolge, bei denen das Reich in mehrere Teile zerfiel. Aus diesen Diadochenkriegen (griech. Diadoche = Nachfolger) gingen schließlich drei große, griechisch geprägte Königreiche hervor: Das Reich der Ptolemäer in Ägypten und Nordafrika, das Seleukidenreich von Kleinasien bis in das Zentrum des vormaligen Perserreiches und der Herrschaftsbereich der Antigoniden in Makedonien und Teilen Griechenlands. Später kamen noch einige kleinere Königreiche hinzu wie das von Pergamon im nordwestlichen Kleinasien.

Den Zeitraum vom Herrschaftsantritt Alexanders bis zur Eroberung Ägyptens durch die Römer als letztem der Nachfolgestaaten des Alexanderreiches 30 v. Chr. bezeichnet man als Hellenismus. In diesen drei Jahrhunderten breitete sich die griechische Zivilisation von Nordafrika bis Indien aus.

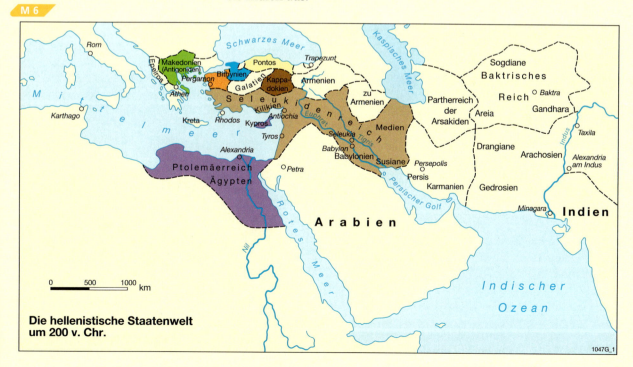

Die hellenistische Staatenwelt um 200 v. Chr.

Kulturelle Beeinflussung am Beispiel hellenistischer Münzen

M 7 **Münze Alexanders des Großen mit dem Bildnis des Zeus**
Rechts in griechischer Schrift: „(Münze) Alexanders". Im Einzelfall ist es schwer zu entscheiden, ob eine kulturelle Beeinflussung vorliegt. So ist in der Forschung umstritten, ob die Darstellung des Zeus auf der Münze Alexanders durch die Münze des Mazaios inspiriert worden ist.
Zeus war der oberste griechische Gott und wurde u. a. als Wettergott verehrt. Zu seinen Symbolen zählten Blitzbündel, Donnerkeil und Szepter. Häufig wurde er als Adler oder mit einem Adler dargestellt.

M 8 **Münze des persischen Satrapen (Provinzstatthalters) Mazaios (361–334 v. Chr.) mit dem Bildnis des Baal**
Rechts in aramäischen Buchstaben der Name des Gottes. Baal war eine im syrisch-phönizischen Raum u. a. als Wettergott verehrte Gottheit, die als Adler dargestellt wurde.

M 9 **Münze Philipps II. (356–336 v. Chr., König von Makedonien) mit dem Bildnis des Zeus**

Zur Bewertung Alexanders – Mit Darstellungen arbeiten

M 10 **Alexander: Zerstörer oder Wegbereiter der griechischen Kultur?**

In der Geschichtswissenschaft wird die Bedeutung Alexanders unterschiedlich gewertet.
a) Der Historiker John Keegan schreibt über Alexander in seinem Buch „Die Maske des Feldherrn" (1997):

Er zerstörte viel und schuf wenig oder nichts. Das Persische Reich – ein Ordnungsfaktor in der antiken Welt – überdauerte Alexanders Eroberung nicht. Nach seinem Tod wurde es durch die Strei-
5 tigkeiten seiner Nachfolger, der Diadochen, innerhalb einer Generation zerstückelt. Die Eroberung selbst bescherte vielen unermessliches Leid – nicht nur den Persern, die sich dem makedonischen Einmarsch widersetzten, sondern auch den mannig-
10 faltigen Völkern des Reiches, die auf die Zerrüttung ihres Lebens, von Alexanders Standpunkt aus betrachtet, mit Aufruhr und Rebellion reagierten. Einer seiner scharfsichtigsten Biografen [...] verzeichnet neben seinen guten auch seine
15 schlechten Eigenschaften: „[...] seinen maßlosen Ehrgeiz, seinen gnadenlosen Willen, seine leidenschaftliche Hingabe an ungezügelte Emotionen, seine Bereitschaft, im Kampf, im Affekt und kaltblütig zu töten und rebellische Gemeinden zerstö-
20 ren zu lassen." [...]
Und das ist vielleicht der „wahre" Alexander, der sich hinter der Maske der Befehlsgewalt verbirgt. Er besaß den Edelmut, sich in seinem Leben selbst zu vergessen: Er vergaß Gefahr, Erschöpfung, Hun-
25 ger und Durst und Verwundungen. Aber er vergaß sie mit der Amnesie [Gedächtnisverlust] [...] der Wildheit, der alle, die ihm Widerstand leisteten, ausgesetzt waren. Sein schreckliches Vermächtnis bestand darin, Wildheit im Namen des Ruhmes zu veredeln und ein Herrschaftsmodell zu hinterlas- 30 sen, das in den kommenden Jahrhunderten zu viele ehrgeizige Männer zu verwirklichen suchten.

John Keegan, Die Maske des Feldherrn, Weinheim und Basel 1997, S. 136.

b) Der Münchener Historiker Siegfried Lauffer kommt in seiner Darstellung „Alexander der Große" zu folgender Wertung (1993):

Die Beurteilung der geschichtlichen Bedeutung Alexanders hat davon auszugehen, dass sein Werk in jeder Hinsicht unvollendet blieb. Das umfassende Reich, das er beherrschen wollte, hatte weder seine äußeren Grenzen erreicht, noch war es im 5 Innern einheitlich defensiv organisiert. [...] Die Zusammenführung und „Gemeinsamkeit" der Völker war erst in Ansätzen verwirklicht. Nach Alexanders frühem Tod brach sogar dieser halbfertige Bau in den Kämpfen der Diadochen zusammen. 10 So war er doch in erster Linie der „große Weltbezwinger", der Eroberer und Zerstörer. Dennoch hat das ganze Eroberungs- und Zerstörungswerk auch einen positiven Aspekt, wie dies im Wesen solcher geschichtlichen Ereignisse oft selbstbegründet ist. 15 Sie schaffen Raum für neue, andere Verhältnisse, die sich schon vorbereitet hatten [...]. In diesem Sinn war Alexander zugleich der große Vollstrecker seiner Zeit, der die Bahn für die Ausbreitung der griechischen Kultur, für die Epoche des „Hel- 20 lenismus" frei machte. Darin liegt seine Epoche machende Bedeutung.

Siegfried Lauffer, Alexander der Große, München 1993 (3. Aufl.), S. 213.

Aufgaben

1. **Das Reich Alexanders des Großen**
   a) Arbeite mit der Karte zum Alexanderzug. Liste die Staaten auf, die heute ganz oder teilweise auf dem Gebiet des einstigen Alexanderreiches liegen. Verwende auch einen Geografieatlas.
   b) Erläutere die Ursachen für den schnellen Zerfall des Reiches nach dem Tod von Alexander.
   → Text, M2, Geografieatlas

2. **Zur Bewertung Alexanders**
   a) Die beiden Historiker kommen zu unterschiedlichen Bewertungen Alexanders. Vergleiche die beiden Darstellungen.
   b) Nimm Stellung zur Frage, inwieweit man von Alexander als von einem „Großen" der Geschichte sprechen kann. Begründe deine Meinung.
   → Text, M10

Die hellenistische Weltkultur

Die hellenistischen Reiche nach Alexanders Tod

Erst durch das Jahrhunderte während Fortbestehen der hellenistischen Reiche konnte sich das, was durch Alexander auf den Weg gebracht worden war, voll entfalten. In einem längeren Prozess wuchsen die Gebiete des ehemaligen Alexanderreiches nach und nach zusammen.

Eine wichtige Rolle spielten dabei besonders die auch nach Alexanders Tod zahlreich neugegründeten Städte beziehungsweise der Um- und Ausbau bereits bestehender Städte nach griechischem Vorbild. Vor allem in diesen Städten ließen sich zahlreiche Griechen nieder, die zum Beispiel als Soldaten oder Händler nach Ägypten und Asien gekommen waren. Sie bildeten in den Städten die führende Schicht und brachten von zu Hause die griechische Sprache und ihre gesamte Lebensweise mit.

In den Städten entwickelte sich so eine Kultur mit Bauten, Kulten und Institutionen, wie sie auch in Griechenland existierten. In den Tempeln opferte man für die griechischen Götter, in den Theatern wurden die Stücke der griechischen Autoren aufgeführt, die Jugendlichen übten sich in den Gymnasien und die Bürger kamen in der Volksversammlung zusammen.

Alexandria – Stadt der Wissenschaft

Die wichtigste der neugegründeten Städte wurde Alexandria in Ägypten. Die Ptolemäer bauten sie zur prächtigen Residenzstadt und zu einem Zentrum für Wissenschaft und Kultur aus. Aus der ganzen griechischen Welt strömten Wissenschaftler, Philosophen, Dichter und Künstler nach Alexandria, um dort zu arbeiten und zu forschen.

M 1

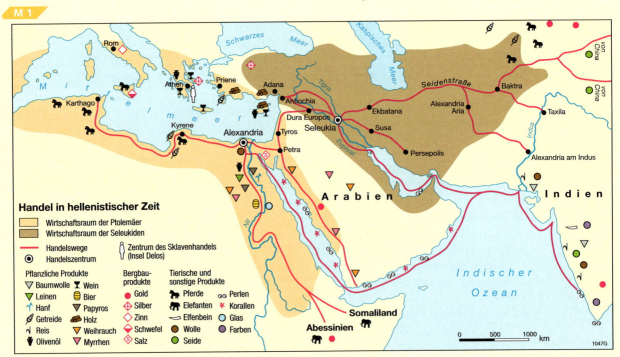

Handel in hellenistischer Zeit

▭	Wirtschaftsraum der Ptolemäer
▭	Wirtschaftsraum der Seleukiden
▬	Handelswege
◉	Handelszentrum
🛇	Zentrum des Sklavenhandels (Insel Delos)

Pflanzliche Produkte
▽ Baumwolle
▽ Leinen
↑ Hanf
🌿 Getreide
⌇ Reis
▼ Olivenöl

⚘ Wein
⬟ Bier
▽ Papyros
🪵 Holz
▽ Weihrauch
▽ Myrrhen

Bergbauprodukte
● Gold
◈ Silber
◇ Zinn
◇ Schwefel
Ⓢ Salz

Tierische und sonstige Produkte
🐎 Pferde
🐘 Elefanten
◡ Elfenbein
∞ Perlen
✳ Korallen
○ Glas
● Wolle
● Seide
● Farben

M 2 **Sternwarte im Museion**
in Alexandria, Versuch einer
Rekonstruktion

Die ptolemäischen Könige unterstützten sie finanziell und schufen mit dem Museion ein in dieser Art in der Antike einzigartiges Forschungsinstitut. Von überall her ließen sie dort Bücher zusammentragen mit dem Ziel, möglichst von allen Büchern in allen Sprachen mindestens ein Exemplar zu besitzen. Auf diese Weise sammelten sie mehrere hunderttausend Papyrusrollen in Alexandria, die größte Bibliothek der damaligen Zeit. Die anderen hellenistischen Könige eiferten diesem Vorbild der Ptolemäer nach, wenn auch in kleinerem Maßstab.

Einen weiteren wichtigen Aspekt der hellenistischen Kultur stellt die griechische Sprache dar. Mit ihr verständigten sich die vielen Völker in dem riesigen Gebiet, das Koiné-Griechisch (Koiné = griech. die Allgemeine) wurde überall benutzt wie heute Englisch.

Kultureller Austausch

Vor allem die einheimischen Oberschichten übernahmen die griechische Kultur und passten sich sprachlich und kulturell den ehemaligen Eroberern an. Aber dieser Prozess verlief nicht einseitig. Auch die Griechen übernahmen viele Aspekte der Kulturen, die sie vorfanden, besonders auf den Gebieten der Sprachen und Religionen.

Viele östliche Kulte und Religionen gewannen rasch auch unter den Griechen viele Anhänger. Neben Zeus, Dionysos und Apollon verehrten sie nun etwa auch die ägyptischen Götter Isis und Serapis, bauten ihnen Tempel und brachten ihnen Opfer dar.

Diese Vermischung zwischen griechischer und einheimischer Kultur konzentrierte sich vor allem auf die Städte. Auf dem Land dagegen hielten sich die alten Vorstellungen und Sprachen. Neben großen Annäherungen zwischen den verschiedenen Kulturen findet sich im Hellenismus auch bewusste Abgrenzung.

Nachwirken des Hellenismus

Die in den Jahrhunderten nach dem Alexanderzug entstandene hellenistische Kultur endete nicht mit der Eroberung durch die Römer. Sie beeinflusste vielmehr stark Kunst, Literatur und Architektur der Römer.

M 3 **Göttin Isis**
Die in Alexandria gefundene ägyptische Göttin erscheint in griechischer Gestalt, 3. Jh. v. Chr.

Alexandria – Rekonstruktion, Stadtplan und schriftliche Quelle vergleichen

M 4 **Rekonstruktionszeichnung des antiken Alexandria**

Modell der von Alexander dem Großen gegründeten Stadt mit dem legendären Leuchtturm (Pharos)

M 5 **Stadtplan des antiken Alexandria**

Eine schriftliche Quelle zum antiken Alexandria

Der griechische Historiker Strabon verfasste zur Zeit des römischen Kaisers Augustus einen Bericht über Alexandria:

Vielseitig ist die Gunst seiner Lage: von zwei Meeren wird der Platz umspült, von Norden her durch das Mittelmeer, im Süden durch den Mareotischen See. Ihn speist der Nil mit vielen Kanälen, auf
5 denen weit mehr eingeführt wird als vom Meer her; dafür ist in dem Meereshafen die Ausfuhr aus Alexandria höher als die Einfuhr.
Neben dem Reichtum der in beide Häfen einströmenden Güter verdient die milde Luft erwähnt zu
10 werden, auch sie eine Folge der Lage zwischen zwei Meeren. Die ganze Stadt wird von Straßen durchschnitten, die Platz für Reiter und Wagen bieten. Sie besitzt sehr schöne öffentliche Bezirke und den Bezirk der Königspaläste, die ein Viertel
15 des Stadtumfangs ausmachen. Alle sind miteinander und dem Hafen verbunden.
Zum Palastviertel gehört auch das Museion, mit einer Wandelhalle, einer mit Sitzen versehenen Halle und einem großen Gebäude, in dem sich der
20 gemeinsame Speiseraum der zum Museion gehörenden Gelehrten befindet. Zum Palastviertel gehört auch das „Grab", ein abgeschlossener Bezirk, in dem sich neben den Grüften der Könige auch das Grab Alexanders befindet.
25 Am großen Hafen, zur Rechten der Einfahrt, liegt die Insel Pharos mit ihrem Turme, auf der anderen Seite die Landspitze Lochias, die eine königliche Burg trägt. Die königlichen Gebäude umfassen viele Säle und Haine aller Art.
30 Hinter ihr erhebt sich das Theater. Es folgt das Poseidion, eine vom Marktplatz aus sich vorstreckende Landspitze mit einem Heiligtum des Poseidon, dann der Caesartempel, der Marktplatz und die Warenlager; danach Schiffsarsenale bis
35 zum Damm zur Insel Pharos.
Auf der anderen Seite des Damms schließt sich der Hafen Eunostu an. In ihn mündet ein schiffbarer Kanal, der bis zum See Mareotis führt. Jenseits des Kanals liegt noch ein kleiner Stadtteil, dann die
40 Totenstadt, eine Vorstadt mit vielen Gärten, Gräbern und Bleiben zum Einbalsamieren der Toten. Diesseits des Kanals liegen das Heiligtum des Serapis und andere alte Tempelbezirke; dazu ein Amphitheater und ein Stadion. Das schönste Ge-
45 bäude aber ist das Gymnasion, mit Säulenhallen. In der Mitte aber liegen die Gerichtsgebäude und die Parks. Hier findet sich auch der heilige Bezirk des Pan auf einem Hügel gelegen.
Der Wohlstand der Stadt aber ist vor allem darin
50 begründet, dass von ganz Ägypten allein dieser Platz zu beidem geschaffen ist: zum Seehandel wegen der guten Hafenverhältnisse und zum Binnenhandel, da der Strom wie ein guter Fährmann alles transportiert und an einem Platze zusam-
55 menführt, der der größte Handelsplatz der Welt ist.

Strabon 17, 1, 7 ff., übersetzt von A. Forbiger, nach: Geschichte in Quellen, Bd. 1, München 1975, S. 367 f., gekürzt u. bearbeitet.

Aufgaben

1. **Kulturaustausch im Hellenismus**
   a) Erkläre den Begriff „Hellenismus".
   b) Im Zeitalter des Hellenismus kam es zu einem regen Kulturaustausch. Suche Bilder in diesem Kapitel und dem Kapitel „Hellenismus – Alexander ,der Große'?", bei denen der Kulturaustausch deutlich sichtbar ist. Erläutere deine Auswahl.
   → Text, M1–5, Kapitel „Alexander ,der Große'?"
2. **Das antike Alexandria**
   a) Suche die im Stadtplan (in der Legende) verzeichneten Gebäude auf der Rekonstruktionszeichnung.

   b) Vergleiche nun die Beschreibung des antiken Historikers Strabon mit dem Stadtplan und der Rekonstruktionszeichnung. Arbeite Gemeinsamkeiten und Unterschiede heraus.
   c) Beurteile abschließend die Qualität der Rekonstruktionszeichnung.
   → M4–M6

Älteste Siegerlisten
in Olympia

Griechische Kolonisation

1 000 v. Chr.　　　　　　　　800 v. Chr.　　　　　　　　600 v.

Zusammenfassung

Die gemeinsamen Traditionen in Religion und Kultur, die gemeinsame Sprache und die Mythen, wie sie etwa im Werk Homers übermittelt wurden, verbanden alle Hellenen. Ein einheitliches Staatswesen entstand jedoch nicht. Vielmehr prägten die Stadtstaaten, die Poleis, die griechische Geschichte.

Aufgrund der geografischen Lage Griechenlands widmeten sich die Griechen früh der Seefahrt. Diese brachte sie in Kontakt mit anderen Kulturen. Landknappheit, Überbevölkerung und Spannungen in den Poleis verursachten wohl in den Jahren von 750 bis 550 v. Chr. die griechische Kolonisation. Sie brachte die Entstehung griechischer Siedlungen im Gebiet des Mittelmeeres und des Schwarzen Meeres.

Im 5. vorchristlichen Jahrhundert stieg Athen zur Führungsmacht in Griechenland auf. Insbesondere die Siege bei Marathon (490 v. Chr.) und bei Salamis (480 v. Chr.) gegen die Perser begründeten die attische Vorherrschaft. Zugleich setzte sich in einem längeren Prozess in Athen die Demokratie durch. Dies war im gesamten Griechenland eine Ausnahmesituation.

Spannungen zwischen Athen und Sparta führten zu einer Schwächung Griechenlands. Das nutzten die Herrscher Makedoniens aus. Philipp II. von Makedonien erreichte 338 v. Chr. die Oberherrschaft in Griechenland. Sein Sohn Alexander „der Große" konnte darauf aufbauen und zerstörte das persische Reich als Machtfaktor. Um ein Weltreich zu errichten, unternahm Alexander 334 bis 324 v. Chr. eine Militärexpedition gegen das persische Großreich, die ihn und seine Truppen bis nach Indien brachte.

Da Alexander schon 323 v. Chr. starb, zerfiel sein Reich in mehrere Diadochenstaaten. Sie prägten die antike Welt entscheidend mit dem Hellenismus. An die Errungenschaften des Hellenismus konnten in der Antike die Römer und in der nachmittelalterlichen Welt das moderne Europa anknüpfen.

132

Perserkriege

5. Jh.: Blütezeit Athens

Alexander der Große

400 v. Chr.

200 v. Chr.

Daten

5. Jahrhundert v. Chr.:
Blütezeit Athens

Begriffe

Polis
Kolonisation
Sklaventum
Olympische Spiele
Perserkriege
Demokratie
Aristokratie

Personen

Herodot
Kleisthenes
Perikles
Thukydides
Alexander der Große

Tipps zum Thema: Antikes Griechenland – Leben in der Polis

Filmtipp

Das Antike Troja.
DVD-ROM, Deutschland
2005/07

Lesetipp

Roland Mueller:
Der Kundschafter des Königs.
Auf den Spuren Alexanders des
Großen, München 2005

Museen

Staatliche Museen zu Berlin:
Antikensammlung

Antikenmuseum der Universität
Leipzig

Deutsches Sport und Olympia
Museum, Köln

Kommentierte Links: www.westermann.de/geschichte-linkliste

Thema: Antikes Griechenland – Leben in der Polis

Hinweis: Die folgende Tabelle dient der Selbsteinschätzung deiner erworbenen Kenntnisse und Fähigkeiten. Die Auflistung erhebt nicht den Anspruch, vollständig zu sein. Es handelt sich um eine Auswahl, die ggf. erweitert werden kann. In der rechten Spalte findest du Hin-

Ich kann …	Ich bin sicher.	Ich bin ziemlich sicher.	Ich bin noch unsicher.	Ich habe große Lücken.
… den Begriff Polis erklären.				
… die griechische Kolonisation erklären.				
… die Bedeutung der Olympischen Spiele für die Griechen erläutern.				
… wichtige Gemeinsamkeiten und auch Unterschiede zu den heutigen Olympischen Spielen benennen.				
… Aussagen über das Gebiet und die Bevölkerungszahl der Polis Athen tätigen.				
… die Bedeutungen der Begriffe Monarchie, Aristokratie und Demokratie erklären.				
… ein Schaubild über die athenische Demokratie erläutern und die darin vorkommenden Begriffe erklären.				
… die Stärken und auch die Schwächen der athenischen Demokratie aus unserer heutigen Sicht erläutern.				
… wichtige Etappen der Perserkriege nennen.				
… wesentliche Unterschiede zwischen Athen und Sparta erläutern.				
… Beispiele für den Kulturaustausch im Hellenismus nennen.				
… mithilfe einer Legende Informationen aus einer Geschichtskarte entnehmen und mit eigenen Worten wiedergeben.				
…				
…				

weise, wie du eventuell vorhandene Lücken oder auch Unsicherheiten beseitigen kannst.

Bitte beachte: Solltest du über ein Leihexemplar dieses Lehrbuches verfügen, dann kopiere die Seiten, bevor du mit ihnen arbeitest.

Auf diesen Seiten kannst Du in ANNO nachlesen	Empfehlungen zur Übung, Wiederholung und Festigung
81	Verfasse auf der Grundlage der Lehrbuchdarstellung eine Kurzdefinition, zum Beispiel für ein Schülerlexikon.
81, 83–85	Nenne mithilfe der Karte auf Seite 84 jeweils eine griechische „Tochterstadt" im heutigen Spanien, Frankreich, Ägypten und in der Türkei.
86/87	Erkläre folgenden Satz: „Der Frieden während der Olympischen Spiele war für die Griechen von großer Bedeutung."
86–89	Verfasse eine Darstellung zur Thematik: „Die Olympischen Spiele der Neuzeit – Fortsetzung der Olympischen Spiele der Antike?"
100/101	Suche Hinweise im Text. Vergleiche die Einwohnerzahl Athens mit Städten/Gemeinden in deiner Umgebung.
104/105	Übersetze mithilfe eines Fremdwörterbuches die Begriffe „Monarchie", „Aristokratie" und „Demokratie".
104–106	Erläutere das Schaubild auf Seite 106. Kläre vorher mithilfe des Lehrbuchtextes folgende Begriffe: Volksversammlung, Rat der 500, Archonten, Scherbengericht.
104–107	Suche nach entsprechenden Hinweisen im Lehrbuch und fertige eine Tabelle mit den Stärken und Schwächen an.
108–111	Vollziehe den Verlauf der Perserkriege anhand der Karte auf Seite 110 nach.
100/101 104/105 114/115 118/119	Stelle wesentliche Unterschiede der Poleis Athen und Sparta in einer Tabelle gegenüber.
122–127 128–131	Suche im Lehrbuch nach Beispielen für Kulturaustausch und stelle diese der Klasse vor.
85 100	Bearbeite mithilfe der Arbeitshinweise auf Seite 85 die Geschichtskarte auf Seite 100.

Leben in der Altsteinzeit
Rekonstruktionszeichnung

Mensch und Natur im heutigen Griechenland
Aktuelle Fotografie, Kreta

Erzgießerei
Griechische Vase,
um 480 v. Chr.

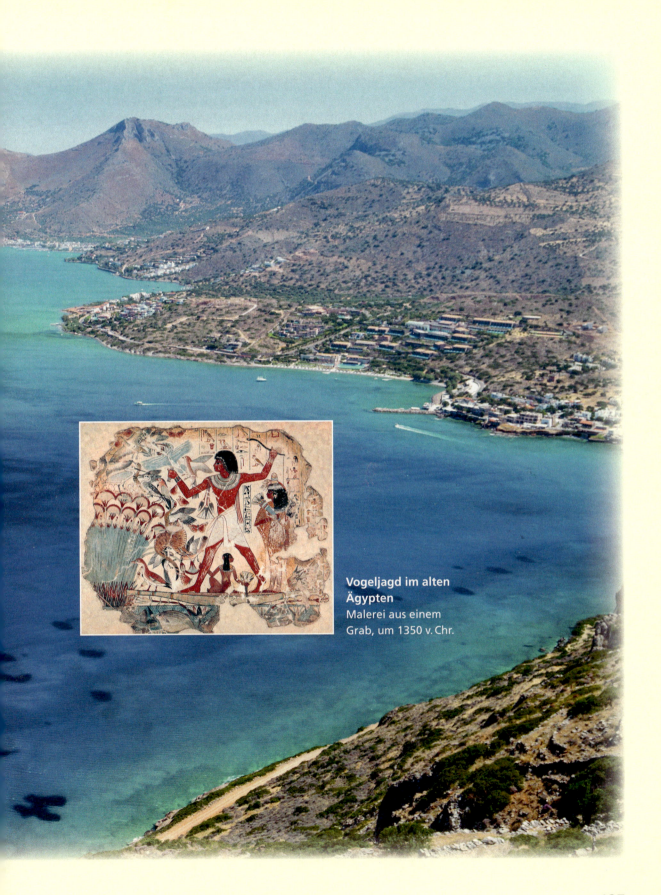

Vogeljagd im alten Ägypten
Malerei aus einem Grab, um 1350 v. Chr.

Abhängigkeit von der Natur in der Steinzeit

Das Leben der Menschen in der Frühzeit war geprägt durch eine sehr große Abhängigkeit von der Natur, was gleichzeitig auch eine Unterordnung des Menschen unter die naturgegebenen Bedingungen bedeutete.

In der Altsteinzeit lebten die Menschen als Nomaden von dem, was die Natur ihnen gab, und verbrachten vermutlich die meiste Zeit mit der Nahrungsbeschaffung. Sie gingen auf die Jagd und sammelten essbare Früchte, Wurzeln, Nüsse oder auch Schnecken und Muscheln. Wenn aufgrund von Dürrezeiten, Überschwemmungen, Hagelschlag oder sonstigen zerstörerischen Umwelteinflüssen die Ernte oder die Jagdbeute ausblieb, hatte dies katastrophale Auswirkungen auf die ganze Horde: Die Menschen mussten dann hungern und schwache oder kranke Mitglieder der Gemeinschaft überlebten solche schwierigen Perioden meist nicht.

Das Zustandekommen von Gewittern, Kälteeinbrüchen, Trockenzeiten oder auch Plagen durch Schädlinge konnten sich die Menschen damals nicht rational erklären. Die Naturgewalten stellten für sie unbekannte und nicht einschätzbare Größen dar, weshalb sie sich deren Spiel ausgeliefert sahen. Sie vermuteten dahinter das Wirken von Naturgeistern, die man mit bestimmten Ritualen beschwichtigen und zufriedenstellen musste. Die Verbindung zu diesen Geistern stell-

Frühmenschen am Lagerfeuer
Das Bild zeigt, wie sich Forscher das Leben früher Menschen vor etwa 250 000 Jahren vorstellen.

Es bestand vermutlich aus einem Holzgerüst mit Tierhäuten und war wohl transportabel, Rekonstruktionszeichnung nach Funden.

ten Schamanen her. Diese Männer oder auch Frauen erfüllten vermutlich priesterähnliche Aufgaben. Sie versetzten sich selbst durch bestimmte Techniken in Trance und versuchen dadurch, in Kontakt mit der Geisterwelt zu treten, um Schutz und Ernte zu erbitten. Bei vielen Naturvölkern gibt es auch heute noch Schamanen.

Die Unterkünfte der Menschen in der Altsteinzeit waren noch sehr einfach: Sie suchten entweder Schutz in natürlichen Höhlen oder errichteten Zelte aus Tierfellen bzw. Ästen und Laub. Das hatte den Vorteil, dass das Lager auch schnell wieder abgebrochen werden und man sein „Haus" sozusagen immer mitnehmen konnte. Auch heute noch leben einige Völker ohne Kontakt zu unserer Welt in ähnlicher Art und Weise.

Durch die „neolithische Revolution" in der Jungsteinzeit, das Sesshaftwerden der Menschen, begannen diese auch, die Natur immer stärker zu nutzen und griffen mehr und mehr in sie ein. Sie rodeten Wälder, um Raum für Siedlungen und Acker- und Weideflächen zu schaffen, in der Metallzeit folgte der gezielte Abbau von metallhaltigem Gestein in ersten Bergwerken, welche teilweise noch heute besichtigt werden können.

Insgesamt gesehen blieb der Eingriff des Menschen in die Natur aber noch recht gering und hatte nicht so weit reichende Folgen wie in späterer Zeit. Wenn der Boden durch den Ackerbau erschöpft war, zog die Horde weiter und das Erdreich konnte sich wieder erholen. Getötete Tiere wurden fast vollständig verwertet, das Fleisch gegessen, Knochen und Sehnen dienten als Werkzeugmaterial, das Fell wurde als Schutz vor den Witterungsbedingungen als Kleidung oder auch im Hausbau verwendet, Blase, Magen oder Darm als Behältnisse benutzt.

Ägypten – Leben mit der Natur

Enger als andere Kulturen war das Alte Ägypten mit seinem geografischen Raum verknüpft: dem Leben spendenden Nil und der lebensfeindlichen Wüste, die Ägypten lange Zeit vor kriegerischen Invasionen bewahrte.

Das Schicksal der Nilbevölkerung war eng mit den drei Jahreszeiten verbunden, deren Rhythmus der Fluss bestimmte: Nilschwelle, Bestellung der Felder und Ernte. Aus der Notwendigkeit, den Beginn der drei Jahreszeiten genau vorherzubestimmen, um die richtigen Zeitpunkte für Aussaat und Ernte festzulegen, gelangte man zu dem ersten Sonnenkalender. Dieser war mit zwölf Monaten zu je dreißig Tagen und fünf zusätzlichen Tagen relativ exakt.

Die Bauern des Niltals hielten das weit verzweigte System von Bewässerungskanälen, Auffangbecken und Deichen gemeinschaftlich in Stand. Ihr Leben hat sich im Verlauf der Jahrtausende kaum verändert und noch heute sind viele der einfachen Geräte in Gebrauch, wie z.B. der „shadouf", ein Eimer zum Wasser schöpfen, oder ein Balken zum Eggen.

Die Bauern waren das ganze Jahr hindurch beschäftigt; denn sogar während der Überschwemmungszeit, wenn die Bewirtschaftung der Felder nicht möglich war, wurden sie zu kommunalen Arbeiten wie dem Bau der Pyramiden oder zum Straßenbau herangezogen.

Nicht nur der Lebensrhythmus der Ägypter wurde durch den Nil bestimmt, sondern er bildete auch die wirtschaftliche Grundlage des Landes: Neben der Versorgung mit Nahrungsmitteln wie Getreide, Obst, Gemüse, Fischen und Wasservögeln, lieferte er auch das Papyrusrohr, das in dichten Wäldern in den Sümpfen des Nildeltas wuchs und den Rohstoff zahlreicher Erzeugnisse bildete. Aus ihm wurden

M 3 Vogeljagd im Papyrusdickicht
Ein Adliger fährt in Begleitung von Frau und Tochter auf einem Papyrusboot. Das Bild aus einer Grabkammer ist ein schönes Beispiel für die Einheit von Mensch und Natur im Alten Ägypten, um 1350 v. Chr.

Matten, Seile, Sandalen oder auch Einrichtungsgegenstände hergestellt, die Fischerboote bestanden aus zusammengeschnürten Papyrus-
stängeln und die Ägypter stellten aus dem Papyrusmark ihr Schreib-
material her. Unser heutiges Wort „Papier" leitet sich vom griechischen
Wort für die Papyruspflanze, „papyros", ab. Zudem bestanden auch die
Häuser der Ägypter aus getrocknetem Nilschlamm in Ziegelform.

Wenn man diese enge Verbundenheit der alten Ägypter mit der
Natur betrachtet, kann es auch kaum verwundern, dass in ihren religiösen Vorstellungen die Götter eine wesentliche Rolle in diesem Kreislauf der Natur einnahmen. Der Gott Osiris verkörperte das fruchtbare
Land und den Sieg des Lebens über den Tod. Sein Bruder Seth hingegen, der Osiris ermordet hatte, symbolisierte die lebensfeindliche Wüste. Auch der Sonne kam eine große Bedeutung zu: In ihr sahen die
Menschen den Sonnengott Re, der tagsüber auf einer goldenen Barke
den Himmel überquerte und abends im Westen unterging. In der Nacht
durchschritt er die Unterwelt und musste dort das Totengericht bestehen, um am nächsten Morgen im Osten erneut aufgehen zu können.
Auch aus dem Umgang mit einigen Tieren lässt sich auf eine enge
Verbundenheit der Ägypter mit der Natur schließen: So verehrten sie
Götter in tierischen Erscheinungsformen oder Tiere, die den Göttern
zugeordnet wurden. Als heilig erachtete Tiere wurden nach ihrem Tod
ebenfalls mumifiziert und aufwendig bestattet.

Diese Anpassung an die natürlichen Begebenheiten in Ägypten
stellte mit eine wesentliche Voraussetzung für die Herausbildung eines
Staates und einer Hochkultur dar: Astronomie, Geometrie, Schrift und
eine differenzierte Verwaltung entwickelten sich aus den Notwendig-
keiten, die das Leben am Nil mit sich brachte. Die alten Ägypter hatten
gelernt, sich an die natürlichen Begebenheiten anzupassen und sogar
Nutzen daraus zu ziehen.

M.4   **Weinernte in Ägypten**
Wein wurde im Nildelta angebaut
und zu Most verarbeitet, 1400 v. Chr.

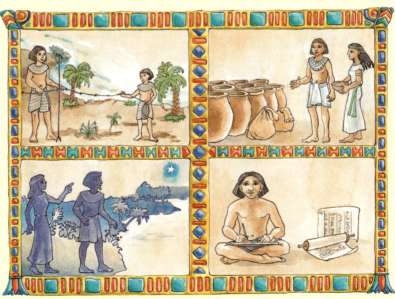

M 5   **Natur und Mensch**
Die Rekonstruktionszeichnungen zeigen den Lebensrhythmus im Alten
Ägypten, der über Jahrtausende im Einklang mit dem Nil stand.

Griechenland – Naturzerstörung in der Antike?

Das Verhältnis der alten Griechen zur Natur war grundsätzlich zwiespältig: Sie sahen einmal die freundliche und angenehme Seite der Natur, was sich beispielsweise in der Dichtung zeigt, die die Schönheiten der Natur preist, andererseits nahmen sie aber auch eine bedrohliche und unheimliche Seite der Natur wahr. Diese Auffassung spiegelte sich auch im Umgang mit Tieren wider, die einmal mit eine Grundlage der Ernährung waren und als Verkörperung der segensreichen Natur oder Attribute der Götter verehrt, aber auch als bösartige Gegner bekämpft wurden. Einige Philosophen vertraten damals schon die Meinung, dass Tiere nicht getötet werden dürften und die Ernährung vegetarisch sein sollte – dann wiederum wurde aber beispielsweise der Löwe, der auch einmal im östlichen Mittelmeerraum heimisch war, bis zum Zeitpunkt der Geburt Christi dort ausgerottet.

Mythisches Naturverstehen und naturwissenschaftliche Forschung

Die Natur und ihre Erscheinungen waren Gegenstand religiöser Verehrung und galten vielfach als heilig. Der Ackerbau stellte für die Griechen zum Beispiel eine Verletzung der Natur dar, weshalb man sich von dieser „Schuld" durch bestimmte Rituale und Opferungen wieder zu entsühnen versuchte. Phänomene der Natur und ihre Veränderungen wurden in den Mythen der alten Griechen erklärt: So wurden die Blitze bei einem Unwetter als ein direktes Zeichen des wütenden Zeus gedeutet. Demnach bat man auch die Götter um reiche Ernte und Schutz.

Daneben gab es aber auch das Bemühen, dieses mythische Denken zu überwinden und sich die Natur und ihre Gesetzmäßigkeiten rational zu erklären. Es ist eine sehr ausgiebige naturkundliche Forschung der alten Griechen überliefert, in der schon im Übergang zur klassischen Zeit beispielsweise die Vorstellung von der Erde als Kugel auftauchte (auch wenn sich diese Auffassung noch lange nicht durchsetzen konnte), eine Einteilung in Klimazonen vorgenommen oder die Lehre von den vier Elementen (Feuer, Wasser, Luft und Erde), aus denen sich die Welt zusammensetzen sollte, entwickelt wurde. Die Griechen versuchten also damals schon, sich ihre Welt aus wissenschaftlicher Sicht zu erklären.

Eingriffe der Griechen in die Natur – Folgen bis heute?

Während der großen Kolonisation besiedelten die Griechen weite Teile des Mittelmeerraums, bauten entlang der Küstenlinien Städte und erschlossen so nach und nach auch das jeweilige Hinterland. Durch diesen Prozess veränderte sich die Landschaft der antiken Welt sehr stark und nachhaltig. Insbesondere der sehr große Holzbedarf durch den politischen und wirtschaftlichen Aufschwung der griechischen Poleis spielte eine bedeutende Rolle. Die Griechen fuhren schon recht früh zur See und betrieben Handel, lebenswichtig war beispielsweise der Import von Getreide aus dem Gebiet des Schwarzen Meeres, da die Anbauflächen in Griechenland den Bedarf nicht decken konnten. Holz wurde also in immer größeren Mengen als Baustoff für Schiffe und Kriegsflotten benötigt.

Außerdem war es das einzige Brennmaterial für die Öfen der Hausfrauen, der Töpfer und für die Schmelzöfen, in denen man Metall aus Gestein herausschmolz. All dies verschlang Unmengen an Holz und führte deshalb zu einer starken Abholzung der Wälder. Wenn das Erdreich nicht mehr von Baumwurzeln festgehalten wird, können starke Regenfälle die Erdschicht wegspülen, bis der Fels zum Vorschein kommt. Diesen Vorgang nennt man Verkarstung. Lange Zeit ging man davon aus, dass die alten Griechen für die verkarsteten Hänge in Griechenland hauptverantwortlich seien, neuere Forschungen haben aber gezeigt, dass kein völliger Kahlschlag stattfand und es sowohl Wiederbewuchs gab als auch schon spezielle Forstaufseher, Beamte also, die die Abholzung kontrollierten. Man war sich also anscheinend des Problems schon bewusst, auch wenn man dabei noch nicht von einem Umweltschutzgedanken nach heutigem Verständnis sprechen kann. Es galt nach wie vor als Fortschritt der Zivilisation, wenn man die dichten Wälder rodete. Aber auch in späterer Zeit wurden noch umfangreiche Abholzungen vorgenommen, die hauptsächlich zum heutigen Landschaftsbild beigetragen haben.

Flächenmäßig zwar gering, aber recht folgenreich für Mensch und Natur war der Bergbau mit seinen belastenden Begleiterscheinungen. In Laureion im südlichen Attika baute man Blei und Silber ab. Die Gesteinswaschanlagen und Schmelzöfen verschmutzten Luft und Wasser mit giftigen Schwermetallen, die auch die Gesundheit der Menschen, die dort arbeiteten, massiv schädigten.

Die alten Griechen waren sich also durchaus der Bedeutung der Natur für ihre eigene Existenz bewusst, griffen aber auch – teilweise mit schwerwiegenden Folgen – in die Natur ein.

M 6 **Erzgießerei in Attika,** Malerei auf einer Schale, nach 490 v. Chr.
Links ein Schmelzofen, darüber Tonmodelle und Werkzeuge; rechts setzt ein Handwerker eine Statue zusammen.

M 7   **Der Kreislauf des Lebens**

Die Ägyptologin Martina Ullmann erklärt die Bedeutung des Bildes:

Was ist nun die Gesamtaussage des Bildes? Um die hier dargestellte Szene inhaltlich richtig zu interpretieren, muss man das entsprechende Hintergrundwissen zur altägyptischen Religion und ins-
5 besondere zu den Jenseitsvorstellungen und dem Sonnenlauf miteinbeziehen.
Dieses lässt sich kurz so zusammenfassen: Der Lauf der Sonne am Tage über den Himmel und in der Nacht durch die Unterwelt galt den Ägyptern
10 als Symbol für den Kreislauf des Lebens. Die Sonne bzw. der Sonnengott garantierten durch ihr morgendliches Erscheinen am östlichen Horizont alles Leben und alle Fruchtbarkeit auf Erden; ohne die Strahlen der Sonne würde kein Lebe-
15 wesen auf der Erde existieren können. Wenn die Sonne am Abend im westlichen Horizont unter-

ging, durchfuhr der Sonnengott während der Nacht die Unterwelt, das Reich des Osiris, in dem die Toten sich aufhielten. Diese Unterwelt umschloss für den Ägypter auch das urweltliche
20 Chaos, also die geheimen Kräfte, die am Anbeginn der Welt für ihr Entstehen verantwortlich gewesen waren. Während der Sonnengott in Gestalt eines Mannes mit Widderkopf in der Nacht diese unterweltlichen Regionen durch-
25 fuhr, vereinigte er sich vorübergehend mit dem mumienförmigen Osiris, dem Herrscher des Jenseits, und kam so auch in Berührung mit den dortigen Urkräften. Dies bewirkte seine Regeneration, d. h. eine Erneuerung seiner Lebenskräfte,
30 und so konnte er am anderen Morgen wieder im Osten erscheinen und als Sonnenscheibe über den Himmel ziehen, um so wieder Leben für alle Erdbewohner zu spenden.

Martina Ullmann, Bemerkungen zu einem Bild aus dem Grab der Nefertari, unveröffentlichtes Manuskript, München 2004.

M 8   **Abbildung aus dem Grab der ägyptischen Königin Nefertari**
Sie war eine der Frauen des Pharaos Ramses II. und erfüllte wichtige politische und religiöse Aufgaben. Verstorben ist sie vermutlich um 1255 v. Chr.

Bedeutung der Hieroglyphen:

Name von „Re"

Schutzformel

„Re ist es, der in Osiris ruht"

„Osiris ruht in Re"

Die Entwaldung Attikas in der Antike

Der griechische Philosoph Platon verglich im 4. Jh. v. Chr. die griechische Landschaft seiner Zeit mit der Vergangenheit. Er lässt einen Griechen namens Kritias die Veränderung der Landschaft schildern.

Wie man das bei den kleinen Inseln sehen kann, ist also, wenn man den heutigen Zustand mit dem damaligen vergleicht, gleichsam noch das Knochengerüst eines Leibes übrig, der von einer
5 Krankheit verzehrt wurde; ringsum ist aller fette und weiche Boden weggeschwemmt worden und nur das magere Gerippe des Landes ist übrig geblieben.
Aber damals war dieses Land noch unversehrt, mit hohen, von Erde bedeckten Bergen, und die Ebenen, die man heute als rau und steinig bezeichnet, hatten fetten Boden in reichem Maße, und auf den Höhen gab es weite Wälder, von denen heute noch deutliche Spuren sichtbar sind.
15 Einige von diesen Bergen bieten jetzt einzig den Bienen noch Nahrung; es ist aber gar nicht so lange her, da waren von den großen Häusern, für deren Bedachung man dort die Bäume gefällt hatte, die Dächer noch wohl erhalten. Und auch sonst
20 trug das Land hohe Fruchtbäume in großer Zahl und den Herden bot es unbeschreiblich reiche Weideplätze. Und vor allem bekam es von Zeus jedes Jahr sein Wasser, und dieses ging nicht wie heute verloren, wo es aus dem kärglichen Boden
25 ins Meer fließt, sondern weil das Land reichlich Erde hatte und das Wasser damit auftrank und es in dem lehmhaltigen Boden bewahrte, ließ es das

Nass von den Höhen herab in die Talgründe fließen und bot allerorten in Brunnen und Bächen reiche Bewässerung.   30

Platon, Kritias (III a-e), zitiert nach: Karl Wilhelm Weber, Smog über Attika. Umweltverhalten im Altertum, Zürich 1990, S. 20 f.

Verkarstung einer Landschaft

Aufgaben

1. **Abhängigkeit von der Natur in der Steinzeit**
   a) Beschreibe mit eigenen Worten das Leben der Menschen in der Altsteinzeit.
   b) Erläutere die Ursachen dafür, dass die Menschen in der Altsteinzeit stark von der Natur abhängig waren.
   → Text, M1–M2

2. **Ägypten – Leben mit der Natur**
   a) Erläutere die Bedeutung der Nilschwelle für die Menschen im Alten Ägypten.
   b) Beschreibe die Abbildung aus dem Grab der Nefertari.
   c) Fasse mit eigenen Worten die Deutung der Wissenschaftlerin zusammen.

   d) Erkläre die Vorstellung der Ägypter über den Sonnenlauf an einem Tag.
   → Text, M3–M5, M7–M8

3. **Griechenland – Naturzerstörung in der Antike?**
   a) Zeige die Bedeutung des Werkstoffes Holz für die alten Griechen auf.
   b) Erkläre den Begriff „Verkarstung".
   c) Die Überschrift des Teilkapitels „Griechenland – Naturzerstörung in der Antike?" endet mit einem Fragezeichen. Arbeite aus dem Text die Gründe dafür heraus.
   → Text, M6, M9–M10

Achäer. Bezeichnung Homers für die Gesamtheit der Frühgriechen in mykenischer Zeit, die Träger der mykenischen Kultur waren. Ihre Herrschaft wurde um 1200 v. Chr. durch die Invasion wandernder Völker vernichtet, die von Norden einfielen und die mächtigen Burgen der Achäer zerstörten. Ihnen folgte der griechische Stamm der Dorier, der vor allem die Peloponnes besetzte und die Achäer entweder unterwarf oder verdrängte. In klassischer Zeit nannte sich eine Landschaft am Nordrand der Peloponnes Achäa.

Adel. Privilegierter Stand, der sich durch Besitz, Macht, Leistung und eigene Lebensformen von der übrigen Gesellschaft abhebt. Eine Staatsform, in der die politische Herrschaft beim Adel liegt, bezeichnet man als Aristokratie (gr. = Herrschaft der Besten).

Ackerbau. Bevor die Menschen Ackerbau betrieben, waren sie Jäger, Sammler und Fischer. Vor etwa 10 000 Jahren begannen sie mit dem Anbau von Pflanzen und der Tierzucht. Hacke und Grabstock waren die ersten Ackergeräte. Um 3000 v. Chr. erfanden die Menschen den Pflug (Hakenpflug), mit dessen Hilfe die Anbauflächen erheblich vergrößert werden konnten.

Agora. Häufig symmetrisch angelegter Marktplatz und zumeist auch Versammlungs-, Gerichts- und Beratungsort der griechischen Polis. Die Agora war der Mittelpunkt des städtischen Lebens und demzufolge von Hallen und öffentlichen Gebäuden eingerahmt. Während die Anfänge der Agora bescheiden waren, wuchsen sie in hellenistischer Zeit zu prächtigen, repräsentativen Anlagen.

Akropolis (griech. = Oberstadt). Zur mykenischen Zeit und in den Stürmen der dorischen Wanderung war die Akropolis der Burgberg der griechischen Polis und damit Zufluchtsort der Bevölkerung. Mit ihr verbunden war schon damals der Tempel der Stadtgottheit.
Als die Zeiten ruhiger wurden und die Blütezeit der Polis anbrach, verlor die Akropolis allmählich ihren Festungscharakter. Sie entwickelte sich nun zu einem Kultzentrum, das mit repräsentativen Tempelbauten geschmückt wurde.

Altmenschen. Die Altmenschen, die vor etwa 250 000 Jahren auftauchen, haben sich aus den Frühmenschen entwickelt. Zu ihnen zählt der Neandertaler sowie seine Vorläufer. Funde zeigen, dass die Altmenschen gegenüber den Frühmenschen eine erheblich höhere Entwicklungsstufe erreicht hatten. So z. B. bei der feineren Werkzeugbearbeitung, den Jagdmethoden oder beim Zusammenleben in der Gemeinschaft. Wissenschaftler vermuten, dass zur Zeit der Altmenschen auch bereits die Vorläufer des modernen Menschen lebten. Ihre Linie führte im Verlauf einer langen Entwicklung zum heutigen Menschen, während der Zweig der Altmenschen vor etwa 35 000 Jahren mit dem Neandertaler ausstarb.

Altsteinzeit (s. Steinzeit)

Antike (lat. antiquitas = Altertum). Bezeichnung für die Zeit der griechisch-römischen Kultur, beginnend mit der Einwanderung der Frühgriechen auf die Balkanhalbinsel im 2. Jahrtausend und endend mit dem Untergang des Weströmischen Reichs 476 n. Chr. Die klassische Epoche der griechischen Antike beginnt mit dem Dichter Homer im 8. Jh. v. Chr. Sie umfasst die Geschichte der griechischen Stadtstaaten (Poleis), die mit einer Blütezeit auf den Gebieten der Philosophie, Dichtung und Kunst verbunden ist. In der Zeit des Hellenismus breitete sich die griechische Antike über das gesamte Gebiet des Mittelmeers und die angrenzenden Länder aus, wobei sie vom Reich Alexanders des Großen und den nachfolgenden Diadochenreichen geprägt wurde. Die besondere Leistung dieser Zeit ist auf wissenschaftlich-technischem Gebiet zu sehen.

Arbeitsteilung. Aufgliederung unterschiedlicher Arbeitsprozesse und ihre Verteilung auf verschiedene Berufe (z. B. Bauern, Händler, Handwerker, Beamte). Sie setzt am Ende der Jungsteinzeit ein und bildet die Voraussetzung für die Entstehung von Hochkulturen (Kultur).

Archäologie. Wissenschaft, die aufgrund von Ausgrabungen und Bodenfunden alte Kulturen erforscht.

Archon. Nach Abschaffung des Königtums wurden in Athen jährlich neun Archonten als oberste Beamte gewählt. Die Bestellung durch das Los nahm dem Amt seit 487 v. Chr. seine Bedeutung.

Areopag (gr. = Areshügel). Sitz des gleichnamigen Rates in Athen, der während der Adelszeit die politischen Entscheidungen fällte und oberster Gerichtshof war. Ihm gehörten die ehemaligen Archonten an. Nach Einführung der Demokratie verblieb ihm lediglich die Blutgerichtsbarkeit.

Aristokratie (griech. = Herrschaft der Besten). Staatsform, bei der im Unterschied zur Monarchie oder Demokratie ein bevorzugter Teil des Volkes herrscht. In der Regel handelt es sich dabei um eine privilegierte, oftmals grundbesitzende Adelsschicht, wie sie z. B im antiken Sparta oder der frühen römischen Republik herrschte.

Astronomie (gr. = Sternkunde). Sternbeobachtungen nahmen bereits die alten Ägypter vor. Nach dem Stand der Sonne und anderer Gestirne berechneten sie den Beginn der jährlichen Nilüberschwemmung. So entstand auch der erste uns bekannte Kalender. Die Völker des Altertums hielten Sterne für Götter und glaubten, aus ihnen das Schicksal deuten zu können (Astrologie).

Attischer Seebund. Er ging 478/477 v. Chr. aus dem Bündnis der griechischen Staaten gegen Persien hervor und umschloss die meisten Inseln und Küstenstriche der Ägäis. Die Führung lag bei Athen, während Sparta dem Bund fern blieb. Ziel des Bundes war die Fortsetzung des Perserkriegs bis zur Befreiung der kleinasiatischen Griechenstädte. Zu Beratungen traten die Mitglieder auf der Insel Delos zusammen, wo sich auch die Bundeskasse befand. Allmäh-

lich gerieten die meisten Städte in völlige Abhängigkeit von Athen, das abtrünnige Mitglieder mit Gewalt unterwarf. Dennoch erzielte der Bund große Erfolge gegen die Perser und der aufblühende Handel brachte allen Vorteile. Athens Niederlage gegen Sparta im Peloponnesischen Krieg führte 404 v. Chr. zur Auflösung des Bundes.

Bandkeramik. Abschnitt der Jungsteinzeit (Steinzeit), in der Tongefäße mit bänderartigen Mustern verziert wurden. Ihr Verbreitungsgebiet erstreckte sich im 4. Jahrtausend v. Chr. von Ostfrankreich bis Ungarn.

Bronzezeit. Epoche etwa zwischen 2500 und 800 v. Chr., in der sich die Verarbeitung von Bronze für Werkzeuge, Waffen und Schmuck durchsetzte. Die Technik entstand in Vorderasien und breitete sich seit etwa 1800 v. Chr. auch in Europa aus. Auf die Bronzezeit folgte die Eisenzeit.

Bürger. Wer an politischen Entscheidungen des Staates aktiv mitwirkte und das Bürgerrecht besaß, galt in der Antike als Bürger. In Griechenland vererbte sich das Bürgerrecht, konnte jedoch durch die Volksversammlung auch Fremden verliehen werden.

Cro-Magnon. Höhle in Südfrankreich beim Ort Les Eyzies im Tal der Dordogne. Dort entdeckte man 1868 Siedlungsreste sowie Skelette eiszeitlicher Jetztmenschen. Mit einem Alter von etwa 30 000 Jahren zählen sie zu den frühesten Funden des modernen Menschen in Europa.

Demokratie (griech. = Herrschaft des Volkes). Die Staatsform der Demokratie ist in Athen entstanden. Sie beruht auf der Gleichheit aller Bürger, die über politische Entscheidungen in der Volksversammlung – der höchsten demokratischen Einrichtung – abstimmen (direkte Demokratie). Dennoch herrschte in der attischen Demokratie nur eine Minderheit, da breite Bevölkerungsschichten keine politischen Rechte besaßen (Frauen, Metöken, Sklaven). Man schätzt, dass bei einer Bevölkerung Attikas von 350 000 Menschen nur etwa 40 000 aktiv politisch mitwirkten. Dennoch war diese Regierungsform für die damalige Zeit revolutionär. Im antiken Athen ließen sich alle Entscheidungen in Form von Beschlüssen der Volksversammlung herbeiführen, die von den stimmberechtigten Bürgern gebildet wurde. Die modernen Demokratien waren für eine solche direkte Mitwirkung zu groß. Sie lösten das Problem durch die Wahl von Volksvertretern (Repräsentanten), die im Parlament politische Entscheidungen treffen (parlamentarische Demokratie).

Dorier (Dorer). Name eines griechischen Stammes, der im 12. Jh. v. Chr. in Griechenland einwanderte. Er traf dort auf eine verwandte frühgriechische Bevölkerung, die seit etwa 2000 v. Chr. ansässig war und die mykenische Kultur hervorgebracht hatte. Die Dorier besetzten vor allem die Peloponnes, nahmen Kreta sowie zahlreiche ägäische Inseln in Besitz und besiedelten den äußersten Süden der kleinasiatischen Westküste (dorische Wanderung). Etwa um 1000 v. Chr. gründeten die Dorier Sparta, das in klassischer Zeit das Zentrum des dorischen Bevölkerungselements wurde. Seit dem 8. Jh. v. Chr. beteiligten sich die Dorier auch an der griechischen Kolonisation im Westen und gründeten u. a. Messina, Syrakus und Agrigent auf Sizilien.

Druiden. Heidnische Priester bei den Kelten. Sie herrschten gemeinsam mit dem Adel über das Volk, bewahrten die religiöse Tradition und galten als zauber- und heilkundig.

Eisenzeit. Epoche etwa ab 800 v. Chr. (in Europa), in der sich Eisen als Rohstoff für Waffen und Werkzeuge durchsetzte. Sie löste die Bronzezeit ab.

Eiszeiten. Verschiedene Epochen der Erdgeschichte, in denen es durch weltweiten Rückgang der Temperaturen zum Vorrücken von Gletschern kam. Die Zeiträume zwischen den Eiszeiten nennt man Warmzeiten.

Faustkeil. Meist aus Feuerstein gefertigtes Werkzeug der Altsteinzeit. Er wurde mit Hilfe eines Schlagsteins kegelförmig zugeschlagen und zum Stoß in der Faust geführt.

Fellachen (arab. = Pflüger). Die bäuerliche Bevölkerung des alten Ägypten, die den Ackerbau betrieb. Auch heute werden die Bauern in allen arabischen Ländern so genannt.

Frühmenschen. Sie haben sich aus dem Vormenschen entwickelt und tauchen vor etwa 2,3 Mio. Jahren in Ostafrika auf. Obwohl sie äußerlich noch längst nicht dem modernen Menschen entsprechen, werden sie aufgrund ihrer Intelligenz und ihres Körperbaus zu den ersten echten Menschen gerechnet: Das Gehirn ist im Vergleich zu Menschenaffen beträchtlich angewachsen, und vor allem sind sie in der Lage, Werkzeuge herzustellen und zu gebrauchen. Die erste Entwicklungsform der Frühmenschen mit nur etwa 1,30 m Körpergröße bezeichnen Wissenschaftler als Homo habilis (lat. = fähiger Mensch). Aus ihm entstand vor etwa 1,8 Mio. Jahren eine forschrittlichere Form des Frühmenschen, die Forscher auch als Homo erectus (lat. = aufgerichteter Mensch) bezeichnen. Im Verlauf seiner Entwicklung stieg die Körpergröße und auch das Hirnvolumen wuchs weiter an. Er erlangte erstmals die Gewalt über das Feuer. Der Frühmensch lebte bis vor etwa 250 000 Jahren und wurde dann durch eine noch fortschrittlichere Menschenform abgelöst: die Altmenschen, zu denen der Neandertaler zählt.

Hakenpflug. Primitiver Holzpflug, der mittels eines Hakens den Boden aufreißt, die Erdscholle jedoch nicht umwendet.

Hellenismus. Eine von Alexander dem Großen eingeleitete Epoche, in der sich die griechische Kultur im gesamten Mittel-

meerraum und bis nach Vorderasien ausbreitete. Die nach Alexanders Tod entstandenen hellenistischen Reiche (Diadochenreiche) bildeten die Basis für die Expansion der griechischen Kultur. Die Aufnahme orientalischer Elemente führte in einigen Regionen zu einer Mischkultur, in der das Griechische jedoch bestimmend blieb.

Heloten. Die von den Spartanern nach ihrer Einwanderung in Lakonien versklavte Vorbevölkerung. Sie gehörten dem Staat, mussten mit ihren Familien das Land der spartanischen Herren bebauen und die Hälfte des Ertrages abliefern. Mehrere Helotenaufstände erschütterten immer wieder den spartanischen Staat.

Hieroglyphen (gr. = heilige Zeichen). Die Bilderschrift der alten Ägypter, die neben Zeichen für Begriffe auch Silben- und Konsonantenzeichen umfasste. Die Entzifferung gelang 1822 dem französischen Gelehrten Champollion.

Hochkultur (s. Kultur)

Höhlen. Die Menschen der Altsteinzeit lebten keinesfalls nur in Höhlen, denn schon im offenen Flachland boten sich dafür keine Voraussetzungen. Die Forscher gehen daher davon aus, dass auch einfache Hütten aus Ästen, Laub oder Mammutknochen als Rastplätze dienten, auch wenn sich von solchen Behausungen nichts erhalten hat. Die Entdeckung einstmals bewohnter Höhlen ist freilich ein archäologischer Glücksfall, da sie oft zahlreiche Überreste eiszeitlicher Menschen enthalten.

Hoplit. Schwer bewaffneter griechischer Fußsoldat, der in geschlossener Formation (Phalanx) kämpfte. Hopliten mussten das Bürgerrecht besitzen und für ihre Ausrüstung selbst aufkommen.

Horde. Kleine Menschengruppe in der Altsteinzeit, die sich von der Jagd und dem Sammeln pflanzlicher Nahrung ernährte. Sie bildete eine familienähnliche Lebensgemeinschaft von etwa 20 bis 30 Personen.

Hügelgräber. Grabanlagen aus der Vor- und Frühgeschichte. Sie bestehen aus einem aufgeschütteten Erdhügel mit ungefähr kreisförmigem Grundriss, in dessen Innern sich eine Grabkammer befindet.

Hünengrab. Volkstümliche Bezeichnung für Grabanlagen aus der Jungsteinzeit, die aus großen Steinblöcken errichtet wurden (Großsteingräber). Sie stammen zumeist aus dem 4. und 3. Jahrtausend v. Chr. und finden sich an der Atlantikküste sowie in Norddeutschland und Dänemark.

Ilias und Odyssee. Zwei Heldendichtungen (Epen) des Griechen Homer vom Ende des 8. Jhs. v. Chr. Die Ilias behandelt den zehnjährigen Kampf der Griechen vor Troja (Ilion), der schließlich zur Zerstörung der Stadt führte. Die Odyssee berichtet von den Irrfahrten des Odysseus und seiner Gefährten im Mittelmeer. Die von Homer geschilderten Ereignisse beruhen wahrscheinlich teilweise auf historischen Grundlagen. So gelang es Heinrich Schliemann, nach Hinweisen in der Ilias die Orte Troja und Mykene zu lokalisieren.

Jagdzauber. Magische Handlungen bei Naturvölkern, die den Jagderfolg günstig beeinflussen sollen. Wissenschaftler vermuten, dass auch die Höhlenmalerei der eiszeitlichen Menschen diesem Ziel diente.

Jungsteinzeit (s. Steinzeit)

Katarakt. Stromschnelle oder Wasserfall.

Kelten. Volksstamm, der zwischen 800 v. Chr. und Christi Geburt weite Teile Europas beherrschte. Ihr Ursprungsgebiet erstreckte sich über Ostfrankreich, Süddeutschland und Böhmen. Metallverarbeitung und Kunsthandwerk standen bei ihnen in hoher Blüte. Unter ihren Fürsten lebten sie in befestigten Siedlungen, die häufig auf Bergeshöhen lagen. Das Vordringen der Römer und Germanen vernichtete die Macht der Kelten. Reste des keltischen Volkstums finden sich z. B. in Irland, Wales und in der Bretagne.

Kultur. Wenn menschliche Gruppen in einer bestimmten Region typische Lebensformen entwickeln, spricht man von einer Kultur. Erkennbar ist sie anhand ihrer materiellen und geistigen Schöpfungen: Geräte, Waffen, Kleidung, Kunstwerke, Siedlungen, Bestattungsarten, Religion, Formen des Zusammenlebens. Seit etwa 3000 v. Chr. entstanden mit Ägypten und den sumerischen Stadtstaaten die ersten Hochkulturen. Ihre Kennzeichen sind zentrale Verwaltung, Schrift, städtische Lebensformen sowie ein gegliedertes Gesellschaftssystem mit Arbeitsteilung.

Mammut. Am Ende der letzten Eiszeit ausgestorbener Elefant. Er wurde etwa 4 m groß, trug ein langhaariges Fell und besaß 5 m lange, gebogene Stoßzähne. Das Mammut war ein begehrtes Jagdtier der eiszeitlichen Menschen.

Metallzeit. Bezeichnung des Abschnitts der Vorgeschichte, in dem die Metallgewinnung und -verarbeitung die Steinbearbeitung (Steinzeit) ablöst. Innerhalb der Metallzeit unterscheidet man die Bronzezeit und die Eisenzeit.

Metöken (gr. = Mitbewohner). Name der freien Bewohner Athens, die keine attischen Bürger waren. Gegenüber anderen Fremden genossen sie bestimmte Vorrechte und waren, da ihnen Landbesitz verwehrt war, vorwiegend im Handel und Handwerk tätig.

Mumie. Eine durch Austrocknung oder entsprechende chemische Behandlung (Einbalsamierung) vor Verwesung geschützte Leiche.

Mykenische Kultur. Um 2000 v. Chr. wanderten Frühgriechen auf die Balkanhalbinsel ein. Nach einem Verschmelzungsprozess mit der Urbevölkerung kam es um 1600 v. Chr. zu einer kulturellen Blüte, die aus Kreta wichtige Impulse erhielt (minoische Kultur). Zahlreiche palastartige Burganlagen bildeten die Zentren, von denen aus Fürsten das Land beherrschten (Mykene, Tiryns, Pylos). Um 1200 v. Chr. wurde die mykenische Kultur durch eine neue Welle griechischer Einwanderer (Dorer) zerstört. Erst die Grabungen Heinrich

Schliemanns ab 1874 führten zu einer Wiederentdeckung dieser Kultur.

Mythos. Eine über Generationen überlieferte Erzählung, die von urzeitlichen Ereignissen berichtet. Die Mythen handeln zumeist vom Wirken göttlicher Mächte, vom Entstehen und Vergehen der Welt oder vom Ursprung bestimmter Völker und Geschlechter. Obwohl rational nicht beweisbar, erheben sie den Anspruch auf Wahrheit. Mythen besaßen für die Völker des Altertums eine große Bedeutung und waren Gegenstand kultischer Feiern und magischer Handlungen.

Nahrungsüberschuss. Die Menschen der Altsteinzeit, die als Jäger und Sammler umherstreiften, konnten keine Nahrungsvorräte anlegen. Sie mussten mit leichtem Gepäck dem Wild folgen und waren ständig von Hunger bedroht. Der Übergang zum Ackerbau und zur sesshaften Lebensweise leitete jedoch eine entscheidende Veränderung ein. Die Menschen waren nicht mehr vom Jagdglück abhängig, sondern konnten vom Ertrag der bäuerlichen Wirtschaft leben und Nahrungsvorräte für schlechte Zeiten anlegen. Dieser Nahrungsüberschuss sicherte erstmals in der Menschheitsgeschichte ein langfristiges Überleben. Zudem konnte er gegen Erzeugnisse der Handwerker eingetauscht werden, die nun in der Lage waren, sich ganz auf ihr Handwerk zu konzentrieren. Aufgrund dieser Arbeitsteilung konnten die ersten Berufe entstehen und sich ein Handel entfalten. Bis zum heutigen Tage bilden die von der Landwirtschaft erzeugten Nahrungsüberschüsse die Grundlage für eine solche soziale Ordnung.

Neandertaler. Menschengruppe der Altsteinzeit, benannt nach Skelettresten, die der Forscher J. C. Fuhlrott 1856 im Neandertal bei Düsseldorf entdeckte. Der Neandertaler zählt zu den Altmenschen und tritt mit ersten Vorläufern vor etwa 250 000 Jahren auf. Der klassische Neandertaler erscheint vor etwa 100 000 Jahren und beherrscht bis zu seinem Aussterben vor allem das eiszeitliche Europa. Besondere Kennzeichen sind ein äußerst robuster Körperbau, eine fliehende Stirn, kräftige Augenbrauenwülste sowie ein weit nach vorn gerücktes Gebiss. Im Gegensatz zu manchen Vorurteilen war der Neandertaler ein echter Mensch, der sich in einer lebensfeindlichen Umwelt geschickt durchsetzte. Man könnte ihn als unseren „Vetter" bezeichnen, der durchaus Respekt verdient. Die Gründe für sein Aussterben vor etwa 35 000 Jahren sind umstritten, werden aber häufig mit der verstärkten Ausbreitung des modernen eiszeitlichen Menschen in Verbindung gebracht.

Nilschwelle. Bezeichnung für die jährliche Nilflut, die seit der Pharaonenzeit das landwirtschaftliche Jahr in Ägypten bestimmt.

Olympische Spiele. In Olympia fanden alle vier Jahre sportliche Wettkämpfe zu Ehren des Zeus statt, die mit feierlichen Kulthandlungen verbunden waren. Das Jahr 776 v. Chr., in dem die ersten Siegerlisten angelegt wurden, galt als Beginn der Spiele. Die Olympischen Spiele erstreckten sich über fünf Tage und waren ein nationales Bindeglied zwischen den oftmals zerstrittenen griechischen Stämmen und Stadtstaaten. Während der Olympiade herrschte ein allgemeiner Landfriede. Die letzten Spiele der Antike fanden 393 n. Chr. statt und wurden 394 durch Kaiser Theodosius verboten.

Peloponnesischer Krieg. Auseinandersetzung zwischen Athen und Sparta um die Vorherrschaft in Griechenland. Auf Spartas Seite standen die Mitglieder des Peloponnesischen Bundes sowie einige Staaten Mittelgriechenlands, auf Athens Seite die Städte des Attischen Seebunds und Thessalien. Der Krieg begann 431 v. Chr. und endete 404 v. Chr. mit der Niederlage Athens.

Periöken (gr. = Umwohner). Die in den Landstädten des spartanischen Staatsgebietes wohnhafte Bevölkerung. Die Periöken genossen im Gegensatz zur Herrenschicht der Hauptstadt Sparta, den Spartiaten, nicht das volle Bürgerrecht, waren aber keine Sklaven wie die Heloten. In ihrer Hand lagen Handel und Gewerbe, da dies dem Kriegerstand der Spartiaten verboten war.

Phalanx. Dicht geschlossene Schlachtlinie der schwer bewaffneten griechischen Fußsoldaten (Hopliten).
Die Phalanx wurde im Verlauf des 8. Jhs. v. Chr. in den griechischen Stadtstaaten eingeführt und bestand aus einem geschlossenen, mehrere Glieder tiefen (Normaltiefe acht Mann) Kriegerverband. Jeder Verband gliederte sich in Kolonnen, d. h. in Reihen von vorn nach hinten. Bis ins 5. Jh. bestand die Bewaffnung aus einem runden großen Schild, Panzer, Helm, kurzen Beinschienen und Wurflanze. Zur Zeit der Perserkriege kamen ein zweischneidiges Schwert und eine Stoßlanze hinzu.
Der Nachteil der Phalanx war ihre relativ große Schwerfälligkeit, weshalb Philip II. von Makedonien (382-336 v. Chr.) sie durch Einführung einer flexiblen Schlachtordnung reorganisierte.

Pharao (ägypt. = Großes Haus). Die Bezeichnung des ägyptischen Herrschers. Der Name wurde ursprünglich nur für den königlichen Palast gebraucht und ging später auf den König selbst über.

Philosophie (gr. = Liebe zur Weisheit). Das Streben nach Wahrheit, Wissen und Erkenntnis. Ein Philosoph versucht die Zusammenhänge und den Ursprung aller Dinge zu ergründen. Dabei geht er kritisch und ohne Vorurteile vor. Er forscht nach dem Sinn von allem, befasst sich mit den Gesetzmäßigkeiten der Natur und untersucht die Stellung des Menschen in der Welt. In Griechenland entwickelte sich die Philosophie im 6. Jh. v. Chr. und stand im 4. Jh. mit eigenen Philosophenschulen in hoher Blüte. Als Grundlage aller Wissenschaften gewann die Philosophie größte Bedeutung. Zu den großen Philosophen der Antike zählen Platon und Aristoteles.

Polis. Im antiken Griechenland eine Stadt einschließlich des umliegenden Landgebietes. Die Polis (Mz. = Poleis) war politischer und religiöser Mittelpunkt ihres Gebietes und Tagungsort des Rates und der Volksversammlung. Man spricht daher auch von einem Stadtstaat, obwohl viele Poleis kaum die Größe eines Dorfes überschritten.
Kennzeichnend für die Polis war ihr Streben nach politischer Selbstständigkeit und wirtschaftlicher Unabhängigkeit. Alle Fragen, welche die Staatsordnung, die Religion oder die Kultur betrafen, sollten ohne Einmischung von außen geklärt werden. In diesem Zusammenhang gab es in Griechenland sowohl demokratisch als auch aristokratisch regierte Poleis, was von den Befugnissen der Staatsorgane und der Ausgestaltung des Bürgerrechts abhing.
Da jede Polis auf politische Selbstständigkeit und wirtschaftliche Unabhängigkeit bedacht war, kam es zu keinem einheitlichen griechischen Staat.

Pyramide. Auf viereckiger Grundlage aufgebautes, spitz zulaufendes steinernes Grabmal der Pharaonen in Ägypten. Die ersten Pyramiden entstanden seit 2600 v. Chr.

Rat der Fünfhundert. Wichtiges Staatsorgan der attischen Demokratie, das von Kleisthenes begründet wurde. Der Rat hatte 500 Mitglieder, die jährlich durch das Los bestellt wurden. Ratsfähig war jeder Bürger Athens. Ein Gremium von 50 Ratsherren führte für jeweils 36 Tage die Regierungsgeschäfte. Der Rat bereitete die Sitzungen der Volksversammlung vor, überwachte die gesamte Verwaltung und leitete die Außenpolitik.

Scherbengericht (Ostrakismos; von gr. ostrakon = Tonscherbe). Sobald ein Bürger Athens im Verdacht stand, die Demokratie zu gefährden, konnte er durch ein Scherbengericht aus der Polis verbannt werden. Am Ostrakismos, den zuvor die Volksversammlung zu beschließen hatte, mussten mindestens 6 000 Bürger teilnehmen. Zur Abstimmung schrieben sie den Namen der Person, die sie zu verbannen wünschten, auf eine Tonscherbe. Wer die meisten Stimmen erhielt, musste das Land für 10 Jahre verlassen. Der Verbannte behielt alle bürgerlichen Rechte und Ehren sowie sein Eigentum. Das Scherbengericht war somit keine Strafe für eine Verfehlung, sondern diente der Stabilität der Polis bei innenpolitischen Auseinandersetzungen.

Schrift. Der Übergang von der Vorgeschichte zur Geschichte ist durch die Schrift gekennzeichnet. Von nun an gibt es schriftliche Quellen, die über das Leben der Menschen, ihre religiösen Vorstellungen und über politische Ereignisse berichten. Die ältesten Schriftzeichen entwickelten um 3000 v. Chr. die Sumerer und die Ägypter. Während es sich hier vorwiegend um Bilderschriften handelte, schuf das Seefahrervolk der Phönikier eine reine Konsonantenschrift, die besser zu lesen und zu schreiben war. Durch Handelskontakte gelangte sie zu den Griechen, die sie zu einer eigenen Schrift mit 24 Buchstaben umformten. Aus diesem griechischen Alphabet ging schließlich das lateinische Alphabet hervor, das sich weltweit verbreitete.

Sklaven. Den Ursprung der Sklaverei bilden menschliche Notlagen wie Krieg, Raub und Verschuldung. Der Sklave war frei verfügbares Eigentum seines Herrn und vererbte diesen Status auf seine Nachkommen. Sklaverei war bei den Völkern des Altertums weit verbreitet und wir finden Sklaven im Bergbau und Handwerk, im Haushalt und Erziehungswesen, in der Landwirtschaft und Staatsverwaltung. Ihr Los war unterschiedlich und hing vom Herrn und der Tätigkeit ab. Im Römischen Reich kam es auch zur Freilassung von Sklaven, die damit das römische Bürgerrecht erwarben.

Sphinx. Fabelwesen aus Löwenkörper und Menschenkopf, das bei den Ägyptern die Macht des Pharao symbolisierte. Eine Sphinx findet sich daher häufig als Wächter an Grabanlagen oder Tempeleingängen.

Steinzeit. Älteste und längste Epoche der Vorgeschichte, benannt nach dem vorwiegend verwendeten Material für Waffen und Werkzeuge. Innerhalb der Steinzeit unterscheidet man zwei verschiedene Abschnitte: die „Altsteinzeit" (etwa 2 Mio. Jahre bis 8000 v. Chr.) und die „Jungsteinzeit" (etwa 8000 bis 2500 v. Chr.). Während der Altsteinzeit lebten die Menschen als Jäger und Sammler in umherstreifenden Horden zusammen. In der Jungsteinzeit gingen sie zum Ackerbau und zur Tierzucht über, gründeten Siedlungen und wurden sesshaft. Die jungsteinzeitliche Lebensweise setzte um 8000 v. Chr. in Vorderasien ein und drang allmählich nach Europa vor. Wir müssen daher beachten, dass die Jungsteinzeit nicht überall gleichzeitig begann, sondern in den verschiedenen Regionen unterschiedlich einsetzte. In Mitteleuropa gingen die Menschen z. B. erst um 5000 v. Chr. zur bäuerlichen Lebensweise über.

Stratege. Feldherr oder Flottenbefehlshaber in den griechischen Stadtstaaten. In Athen gab es ein Kollegium von 10 Strategen, die alljährlich von der Volksversammlung gewählt wurden. Die Möglichkeit einer unbeschränkten Wiederwahl eröffnete ihnen großen Einfluss auf die Politik, wie es die Biografie von Perikles zeigt. Er war ohne Unterbrechung 15-mal Stratege. Im Attischen Seebund erhielten die Strategen zusätzliche Befugnisse wie z. B. den Einzug der Tribute.

Sumerer. Seit Ende des 4. Jahrtausends v. Chr. nachweisbares Volk im Zweistromland. Sie schufen dort eine Hochkultur, die sich auf unabhängige Stadtstaaten unter der Führung von Priesterkönigen stützte. Die Erfindung der Keilschrift geht auf sie zurück. Obwohl die Macht der Sumerer seit etwa 2000 v. Chr. zerfiel, legten sie die Grundlage für die weitere kulturelle Entwicklung Babylons.

Tell (arab. = Hügel). Bezeichnung für Ruinenhügel in Vorderasien, die aus alten Siedlungsresten bestehen. Aufgrund des trockenen Klimas haben sie sich bis heute erhalten und sind in den weiten Ebenen gut sichtbar. Ihre Erforschung ist noch längst nicht abgeschlossen.

Tempel. Bei den Griechen und Römern das Haus einer Gottheit, das innerhalb eines heiligen Bezirks stand. Die Tempel dienten nur der Aufnahme des göttlichen Kultbildes und waren keine Versammlungsräume wie bei christlichen Gemeinden. Zum Opfer trafen sich die Gläubigen am Altar, der außerhalb des Tempels im heiligen Bezirk stand.

Tempelturm (Stufenturm). Im Zweistromland entstanden seit dem 3. Jahrtausend v. Chr. Tempelbauten mit mehreren stufenähnlichen Terrassen. Auf der obersten Stufe, zu der eine Freitreppe hinaufführte, befand sich der Hochtempel des Stadtgottes. Der babylonische Name für solche Tempelbauten ist „Zikkurat" (die), eine auch heute oftmals verwendete Bezeichnung.

Theater. Der Ursprung des europäischen Theaters liegt in Griechenland, wo es aus Festen zu Ehren des Gottes Dionysos hervorging. Gespielt wurde auf dem runden Tanzplatz des Chores (Orchestra), den ein halbkreisförmig ansteigender Zuschauerraum (Theatron) umschloss, der in einen Hang hineingebaut war. Als die Bedeutung der dramatischen Handlung wuchs, errichtete man am Rand der Orchestra eine bespielbare Bühnenwand, die Skene. Chor und Schauspieler trugen Masken, prunkvolle Gewänder sowie Kothurne, hohe Schaftstiefel mit besonders dicker Sohle.

Triere (gr. = Dreiruderer). Griechisches Kriegsschiff von rund 40 m Länge, bemannt mit bis zu 170 Ruderern und 50 Soldaten. Die Ruderer saßen auf jeder Seite in 3 Reihen übereinander und bewegten die Ruderblätter nach Taktanzeige. Auf Grund ihres Rammsporns und ihrer Beweglichkeit waren Trieren eine gefürchtete Seewaffe.

Tundra. Baumlose Zone mit niedrigen Temperaturen in den nördlichen Gebieten Russlands und Amerikas. Es gedeihen vor allem Strauchwerk, Moose, Flechten und Gras sowie eine der Umwelt angepasste Tierwelt (Rentier, Polarfuchs, Schneehase). Während der letzten Eiszeit bestanden weite Gebiete Europas aus Tundra.

Tyrannis. Herrschaftsform in der griechischen Antike, bei der ein Alleinherrscher (Tyrann) die politische Macht in einer Polis gewaltsam übernimmt. Im Gegensatz zur modernen Diktatur griffen Tyrannen zumeist nicht in das Privatleben ihrer Untertanen ein.

Volksgericht. Die Einführung von Volksgerichten in Athen geht auf Solon zurück. Jeder über 30 Jahre alte Bürger konnte als Richter an der Verhandlung teilnehmen. Seit dem 5. Jh. v. Chr. wurden aus der Bürgerschaft jährlich 6 000 Volksrichter ausgelost. Bei Verhandlungen wurde das Urteil nach Anhörung der Parteien in geheimer Abstimmung gefällt. Für ihre Tätigkeit erhielten die Richter Diäten (Tagegelder).

Volksversammlung. Die Versammlung aller stimmberechtigten Bürger eines Staates zur Wahrnehmung ihrer politischen Rechte wird Volksversammlung genannt. Sie war in den demokratischen griechischen Stadtstaaten die höchste politische Instanz und entschied über wichtige politische Angelegenheiten. Die römische Volksversammlung war mehrfach gegliedert, doch hatten hier – im Gegensatz zur demokratischen griechischen Polis – die wohlhabenden Bürger ein Übergewicht. Zur Kaiserzeit büßte die Volksversammlung ihre Bedeutung ein.

Vorgeschichte. Die Epoche der Menschheitsgeschichte, aus der keine schriftlichen Überlieferungen vorliegen.

Vormenschen. Bezeichnung für menschenähnliche Lebewesen, die sich in einem Übergangsfeld zwischen Menschenaffen und den ersten frühen Menschenformen befinden. Aufgrund bestimmter Körpermerkmale (z. B. größeres Hirnvolumen, aufrechter Gang) sind sie keine Affen mehr. Andererseits können sie wegen einiger affenähnlicher Merkmale. (z. B. beim Gebiss oder Skelett) und wegen des fehlenden Werkzeuggebrauchs auch noch nicht als echte Menschen bezeichnet werden. Forscher vermuten, dass sich der Vormensch vor etwa 6 Millionen Jahren vom Stamm der Menschenaffen abspaltete und vor etwa 2,3 Millionen Jahren die Entwicklungsstufe des Frühmenschen erreichte.